「オープントイレ」で保育が変わる

トイレ環境から
子どもの発達と主体性を支える

村上八千世◉著
馬場耕一郎◉監修

中央法規

監修の言葉

　本書『オープントイレで保育が変わる　トイレ環境から子どもの発達と主体性を支える』は、乳幼児のトイレ環境の改善を通して、保育の質向上の一助となるために作成されました。

　教育・保育施設のトイレというと、閉鎖的で暗いイメージがまだまだ持たれていると思います。「くさい・くらい・きたない」と感じるトイレも存在しているのではないでしょうか。

　保育所保育指針には、「子どもの活動が豊かに展開されるよう、保育所の設備や環境を整え、保育所の保健的環境や安全の確保などに努めること」と記載があります。

　トイレ環境が向上すると、快適に生活できるようになり、健康で安全に過ごせるようになり、生理的欲求が十分に満たされるのではないでしょうか。

　教育・保育施設は、環境を通して教育・保育を行うことを特性としています。保育室や園庭の環境は意識され、さまざまな取り組みがなされていますが、トイレに関する環境はまだまだ改善の余地があると思います。トイレ空間が改善されると、保育の質が向上し、より円滑な運営が行われるのではないかと思います。

　私は、実際に村上さんとトイレ改修と新しいトイレ作りを行いました。失敗を恐れずに挑戦したことで子ども達・保育者にとって最善の空間が誕生しました。

　各園の創意工夫を図っていただくきっかけになるために、本書にはたくさんの実践事例を掲載しました。事例を通して、オープントイレを身近に感じていただきたいと思います。

　子どもたちが、オープントイレでくつろいで過ごせる姿が当たり前の風景になることを願っています。

馬場耕一郎

はじめに

トイレ環境の変化による子どもと保育者の変化

2005年に初めておおわだ保育園で1～2歳児用のトイレの計画に関わって、保育環境を考える面白さにのめり込みました。完成したトイレを使う子どもたちの動きや保育者の関わり方が明らかに違っていたからです。環境の違いがこんなにはっきりと子どもの行動や保育者の行動に影響することを改めて感じた瞬間でした。子どもたちは保育室内で友達とおしゃべりをするような感覚でトイレでも過ごします。便器の前に並んで順番を待ったりしなくても、互いに譲り合ったり、下の月齢の子どものお世話をしてみたり、何とも和やかな光景で、大人が介在しない子どもだけの穏やかな時間があります。月齢の低い子どもはトイレでの探究活動が盛んです。長い間便器に座って、まるで自分の内臓の動きと対話しているかのようです。神妙な顔つきでおしっこが出てくるのをじっと見ていたりします。また、どうやったら上手に便器に座れるか、上の月齢の子どもがどんなやり方で座り、衣服を整えるのかもよく観察しています。同じように真似てやってみようと試行錯誤する様子もよく見られます。これらの探究活動が見られるのはひとりでトイレに行って好きなやり方で、好きなだけ試すことができる環境があればこそだと思います。子どもの発達が誰かに教えられるものではなく、子ども自身が試しながら学び取っていくものであることがよく現れていると感じます。

「トイレ」のことを語り合うのは「保育」を語り合うことと同義

トイレに特化した保育の本はほとんどないと思いますが、トイレや排泄の話はなぜか盛り上がるのです。子どものことでもあり、自分自身のことでもあり、排泄する主体同士共感しやすいからなのでしょうか。そして、話しているうちにお互いに打ち解ける感覚があります。

「どんなトイレを作りたいか」を園の職員の方と打ち合わせていると、それはどんな保育をしたいかということと自然と重なってきます。子どもの「やりたい」「やってみたい」を尊重すること、子どものタイミングでできるようにすること、これは「排泄」に限ったことではないからでしょう。

トイレ環境には設備機器がたくさん詰まっていて、保育者の方が自由に環境を変えるのは難しい場所です。そんなこともあって保育園でも幼稚園でも職員の方は与えられた環境の中で半分諦めの心境で使い続けているところも多いと思います。だからこそ、変えるチャンスがあるときにはそのチャンスを最大限に活かしてほしいと思います。トイレ空間は「保育」を変えるポテンシャルを十分に持っているからです。

本書の各章の構成

本書の第1章でご紹介する乳幼児用のトイレはそれぞれの園で話し合った結果できあがったトイレです。それぞれの園の保育理念が反映されており、どこの園にも当てはまるというわけではありません。とても個性的なトイレばかりですので、登場するこれらのトイレを通じて「こんなこともできるのか」と常識の壁に風穴をあけるのもよし、批判的に論じるのもよし、対話を深めるための一助となればうれしく思います。出来上がってから10年以上を経た事例がほとんどで、一番古い事例は18年以上が経過しました。今まで大きな問題や感染症なども発生せずに来れたのは、現場の職員の方々が変わらずにトイレを大切に育ててくださっているからだと思っています。

もしも、自園のトイレの在り方や排泄支援の方法に疑問ややりづらさを感じていたら、ぜひ本書をたたき台にして、自園にあったトイレの在り方について議論したり、語り合っていただきたいと思います。

第2章では筆者が初めて提案させていただいたオープントイレに賛同し、受け入れてくださったおおわだ保育園の当時の園長であり、現こども家庭庁の教育・保育専門官の馬場耕一郎先生との対談です。計画段階のプロセスについても触れています。

第3章は「主体的にトイレに行って用を足す」ためにどんな環境条件が必要なのか、その環境条件のもとで子どもはどんなことを試し、どんなトイレの使い方をするのかをまとめています。

第4章は子どもの排泄の発達について示しています。おむつを使用することで保育者にとって子どもの排泄のタイミングを推しはかったり、子どもが出す排泄のサインを読み取ったりすることはますます簡単ではなくなっていると思います。しかし、子ども自身が排泄をコントロールできるようになるには大人が子どものサインを読み取って応答的に関わり、その感覚を共有することが必要であると考えています。トイレット・トレーニングの時期や方法については多くの育児情報誌が取り上げていますが、トレーニングよりもコミュニケーションが重要であることを伝えています。

第5章はトイレ環境のチェックポイントを示しています。実際にトイレ空間を計画するときに、もれなく計画できているかの確認にもご使用ください。

村上八千世

【目　次】「オープントイレ」で保育が変わる　トイレ環境から子どもの発達と主体性を支える

第4章 乳幼児の排泄の発達

第5章　トイレ環境のチェックポイントと改善法

＊第1章：事例の写真と平面図の見方
写真の角に**1** **2**などの番号を付けているところがあります。これは、その写真が、後に出てくるそれぞれの園の平面図のなかで、どの場所に該当しているかを示しています。写真と図面を共にご参照ください。

第1章

トイレ環境の改修事例

序 子どもにひらかれたトイレ＝オープントイレ

「オープントイレ」とは

「オープントイレ」とは、ここでは「子どもにひらかれているトイレ」という意味で使います。それは子どもが一人で行けるトイレであり、行きたいときに行けるトイレです。そのためにはトイレが「近い」こと、「安心」できること、「安全」であること、「清潔」であることが条件となります。

「近い」とは、トイレが保育室など子どもの主たる生活場所の中にあることや隣接してあることを示します。「安心」とは、いつでもトイレに行くことができ、大人の視線や気配を感じながら用を足せることです。「安全」とは、トイレにアクセスして便器に座るまでの間に扉で指を挟んだり、スリッパに引っかかって転んだりすることがなく、触ってはいけないものがないということです。「清潔」とは、不快なにおいがなく、床や便器がきれいに保たれていることです。

トイレを真ん中に保育環境を考える

従来より、トイレは不潔で感染症の発生場所と捉えられ、園舎を設計する際には、トイレをしっかりと区画するべきという考え方があります。ところが、保育施設の場合、排泄はトイレの中だけで行われるものではなく、お漏らしも嘔吐もところかまわず発生しています。また、トイレを遠くへ追いやったり、壁や扉で完全に区画したりしてしまうと、子どもは一人ではトイレへ行きづらくなってしまいます。もちろん

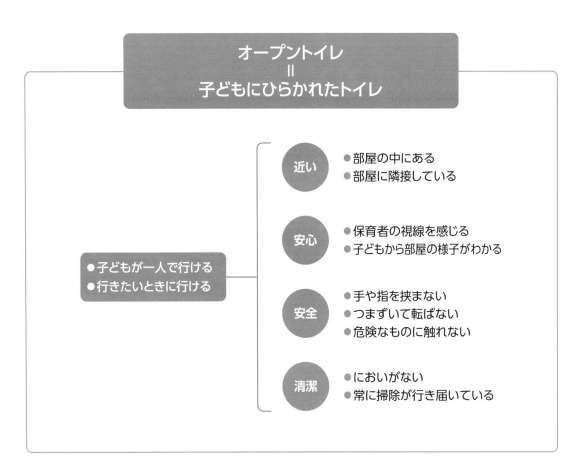

オープントイレ
＝
子どもにひらかれたトイレ

- 子どもが一人で行ける
- 行きたいときに行ける

近い
- 部屋の中にある
- 部屋に隣接している

安心
- 保育者の視線を感じる
- 子どもから部屋の様子がわかる

安全
- 手や指を挟まない
- つまずいて転ばない
- 危険なものに触れない

清潔
- においがない
- 常に掃除が行き届いている

トイレの衛生性を軽んじてはいけないと思います。「オープントイレ」は、まずは子どもの行きやすさ、使いやすさを第一に考え、そのうえで清潔性や安全性を確保しようとする考え方です。清掃しやすい材質を使用し、こまめな清掃を心がけることが必要です。けれどもオープンにすることによって清掃が大変になるということはありません。むしろ子どもにとって行きやすいトイレは、掃除もしやすくなるようです。

子どもの発達は、子どもが「自分でやりたい！」と思う気持ちを大切にすることでスムーズに進みます。排泄についても、「オマルに座ってみたい！」「トイレの便器に座ってみたい！」と興味を持ち、自分の行きたいときに近づき、座ってみるということができることが理想的だといえるでしょう。0歳クラスや1歳クラスのうちは保育者の見守りも必要です。保育者がてんてこ舞いにならなくても済むようなトイレ空間であれば、保育者も子どももゆったりと過ごすことができます。トイレを真ん中に考えると、保育はどう変わるのか？そんな視点でトイレ環境を考えてみたいと思います。

オープントイレの「ひらきかた」

「オープントイレ」と一言で言っても、「ひらきかた」はさまざまです。部屋の中にトイレ（便器）を直接設置する方法、保育室とトイレを低い壁で仕切る方法、状況に応じて仕切り扉を開閉する方法などがあります。

レイアウトの違いだけではなく、壁や仕切り、扉の高さ、透過性の違いによっても「ひらきかた」を調整することができます。壁をガラスのような透けた材質にしたり、窓をつけることもよいと思います。

保育施設の設置基準の詳細は自治体によって異なりますので、事前に相談が必要です。

トイレの配置パターンの一例

■０～２歳保育室

保育室の中に直接、便器等を設置する方法。

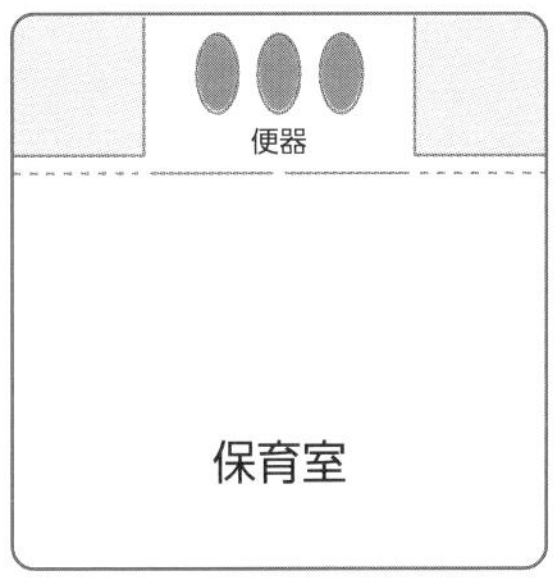

仕切り扉はあるが、開閉によって大きく開く方法。

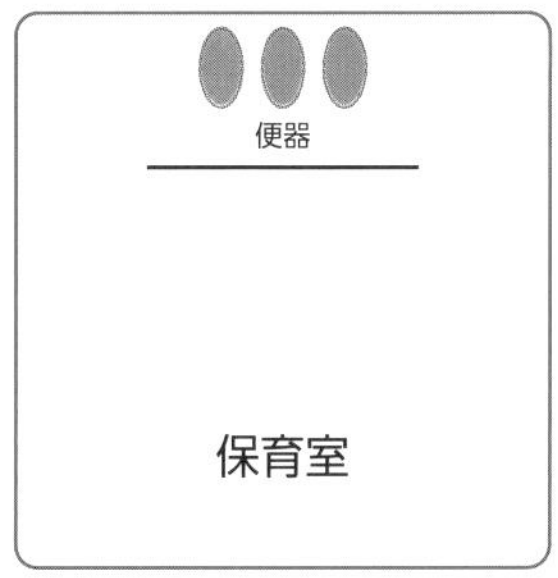

壁によって保育室と仕切る方法。壁の高さはさまざま。

■２～５歳保育室

保育室の中に直接トイレブースを設置する方法。ブースの高さはさまざま。

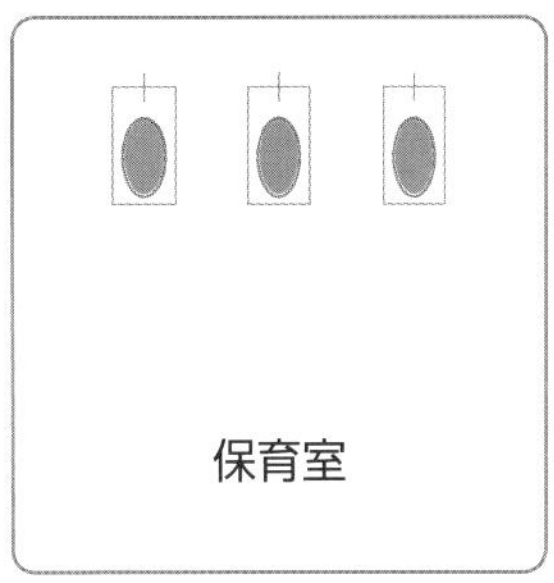

保育室の中にトイレブースを点在させる方法。

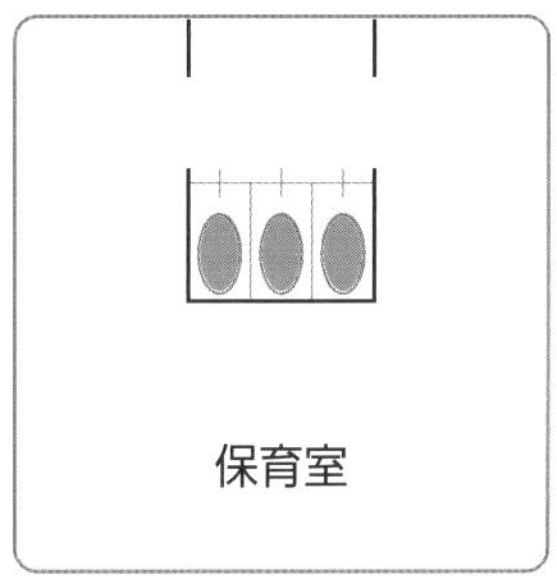

壁をつけるが複数方向から出入りできる方法。仕切りの高さはさまざま。

このほかにもさまざまなパターンが考えられます。

0歳児

1 使わない時はボックスでカバー

おおわだ保育園（大阪府門真市）：0歳クラス＝定員9人：改修2007年

0歳クラスのトイレ

おおわだ保育園の園庭には保育園を象徴する素敵な三角屋根のログハウスが建っています。大きな丸太を組んだログハウスの1階に位置する0歳保育室は床も壁も天井も木でできており、それだけで気持ちが穏やかになるようです。しかし、当初この保育室の中にはトイレの設備はなく、部屋の外側にありました（007ページ上図）。0歳児を保育するうえで、排泄の世話をするときに部屋の外に出なくてはならないのは不便極まりないことでした。ですから、部屋の中にオマルを置いて使っていましたが、オマルは使わない時はいちいち片づけないといけないので、遠く離れたトイレまで運んで洗って干すのは大変なことでした。そこで思いきって部屋の中にトイレを作ることにしたのです。おおわだ保育園で

保育室の中に設置したトイレ。

は０歳保育室のトイレ改修に先駆けて、１・２歳保育室のトイレ改修を行っており、子どもが「トイレに座りたい」と思ったときに座れるようにする環境がいかに大切かということを経験していましたので、０歳保育室でも、子どもが立てるようになればもう便器に座れるはずだということで２つの便器と手洗器を１つ設置しました。

カバーをかぶせて便器を隠します

子どもが便器の中を触って遊ばないように、使わない時には便器にカバーをかぶせています。カバーは棚の中に収納できるようにしました。保護者によってはトイレだと気づかない人もたまにいるそうです。

腰掛けたり、絵本を読んだり…

便器にカバーをかぶせているときは、子どもはそこに腰をかけたりして使っています。

ログハウスの１階が０歳保育室。２階は図書室となっています。

アイコンタクトと共感が大事！

０歳児の排泄の世話をするときは便器やオマルに座る子どもとおむつを交換する子どもの両方を一度に見なければならないことも多いのではないでしょうか。おむつ交換のスペースとオマルや便器のスペースが隣接していると両方の子どもとコミュニケーションをとりながら排泄支援を行うことができます。

便器で排尿ができるようになったばかりの子どもは尿道口からおしっこが出てくるのを一生懸命見ようとします。子どもがジーッと股間を見ていたら、一緒に見て、出る瞬間を共有して、「出る」という感覚に共感してあげることはとても大切な支援です。「おしっこが出そうだね」「おしっこが出てるね」と声掛けしてあげると、子ども自身も排泄をコントロールしやすくなると考えられます。便器に座りながら、子どもは膀胱が収縮する感覚や、尿道からおしっこが出る感覚を通して、自分で出すという感覚にたどりついていくのかもしれません。

床でおむつを交換すると同時に、便器に座っている別の子どもともコミュニケーションをとることができるため、便器に座る子どもはゆっくり安心して好きなだけ座っていることができます。

0 歳児でも立てるようになれば手を洗えます

ハイハイの子どもも、手洗いをする他児を見て一生懸命につかまって立とうとします。

0 歳児でも自分で立てるようになれば手も洗えます。既製品の手洗い器をギリギリまで低く設置して、高さを 380㎜くらいにしています。「自分でやりたい！」という気持ちを尊重してあげることで、子どもはどんどんできることが増えていきます。

改修前

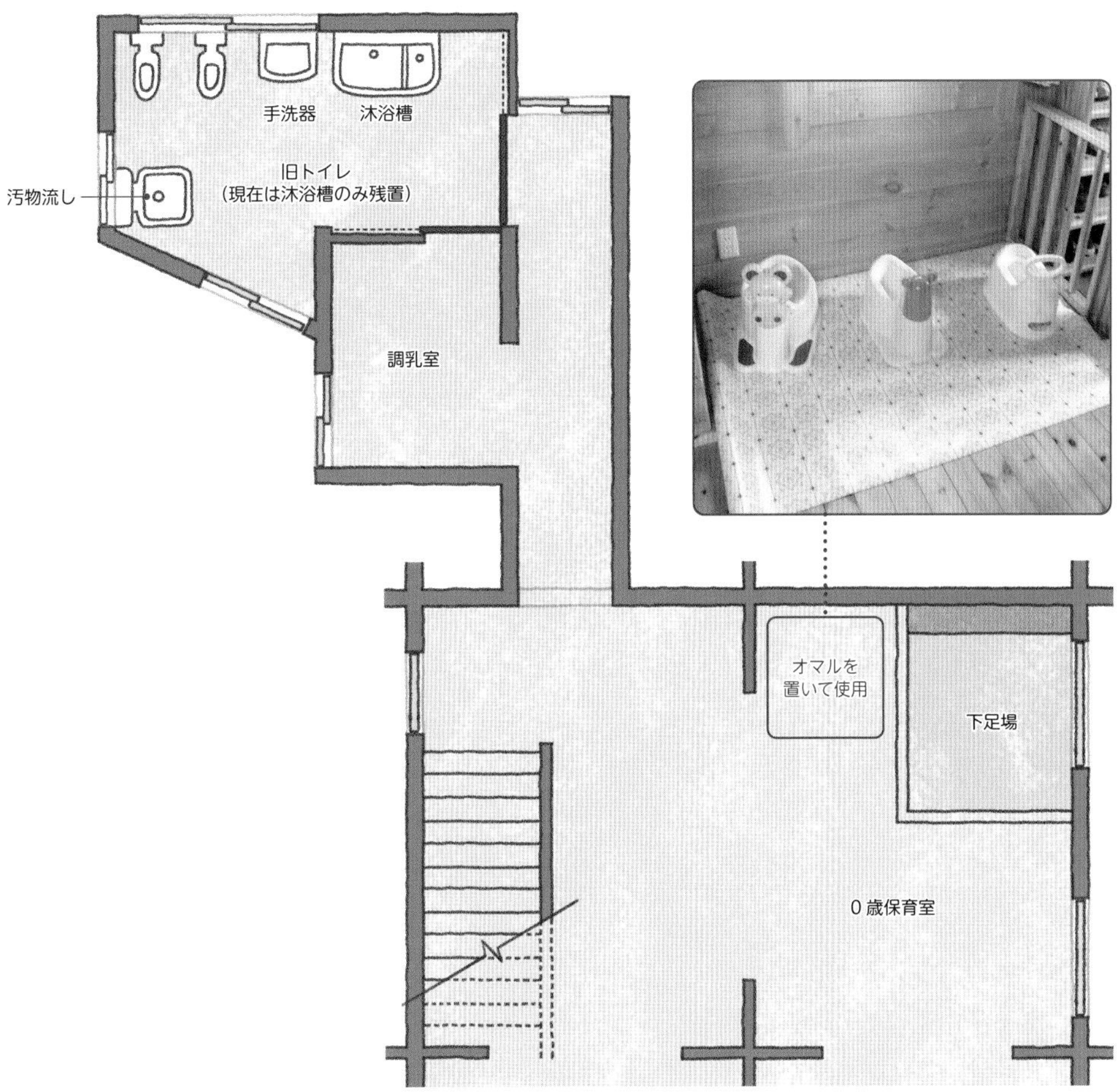
手洗器
沐浴槽
旧トイレ
（現在は沐浴槽のみ残置）
汚物流し
調乳室
オマルを
置いて使用
下足場
0 歳保育室

改修後

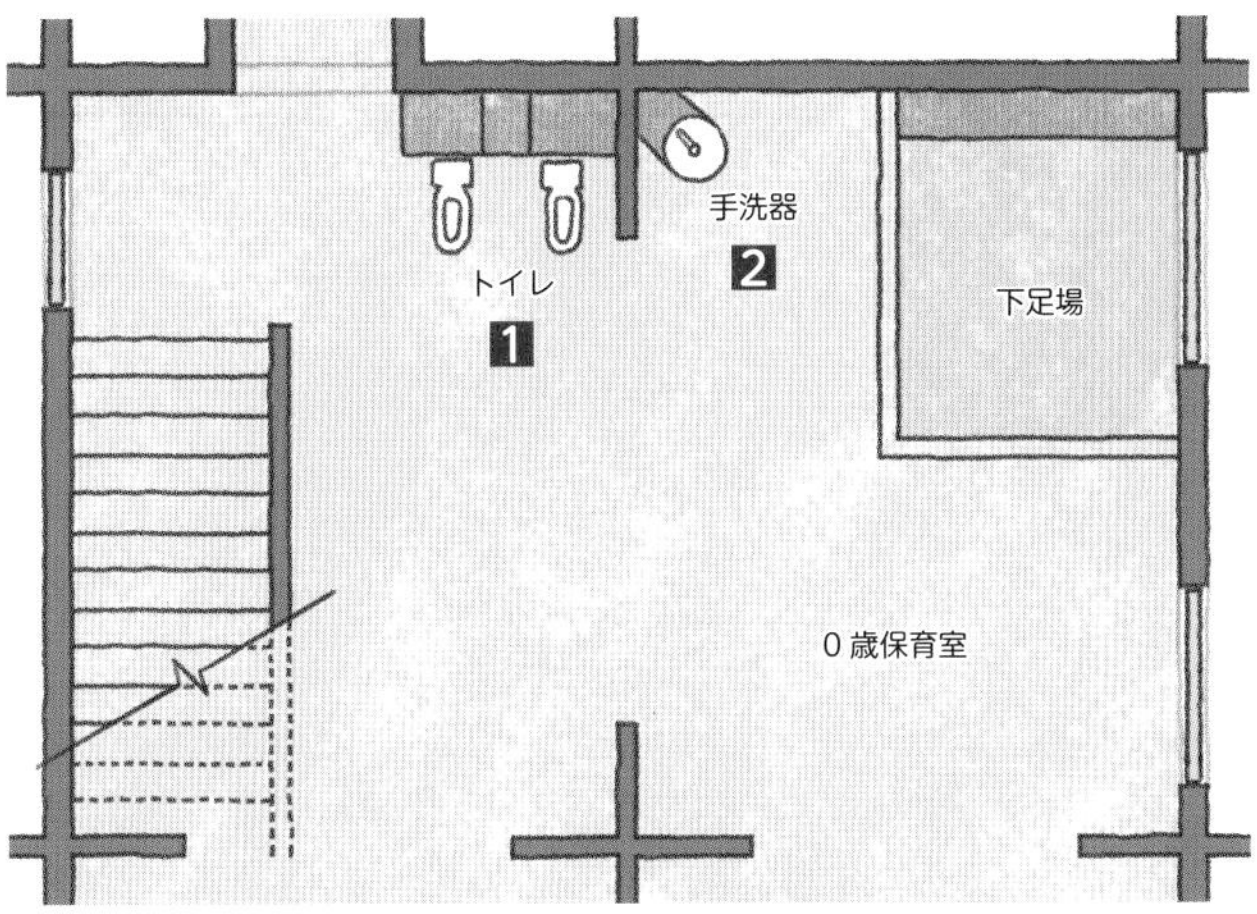
手洗器
2
トイレ
1
下足場
0 歳保育室

0歳児

2 扉の開閉で部屋と一体的になるトイレ

おおわだ保育園世田谷豪徳寺（東京都世田谷区）：0歳クラス＝定員6人：竣工2020年

引き戸を完全に閉めると丸い柱のように見えます。

扉を開けると…！

引き戸を開放すれば、保育室と一体的な空間になります。
便器に座る子どもとおむつを交換する子どもの両方を同時に見ることができます。

「開く」と「閉じる」を切り替える

この保育室のトイレは円筒形の柱のような空間の中に設置されています。引き戸を完全に閉めると便器が完全に隠れて保育室と完全に仕切られた空間になります。引き戸を全開にしているときはトイレと保育室が一体的になります。子どもが保育室で活動しているときは基本的に引き戸を開いています。誰かが便器に座っている様子を見て、他の子どもが興味をもって近づいたり、座ってみようとしたりします。このように、この時期の子どもは、発達の早い子どもの姿を見て、ほかの子が真似をするという様子がよく見られます。大人が教えなくても子ども同士で学び合うことができるのです。子どもの好奇心にあわせて環境構成を行うことは、排泄支援についても大切であることは変わりません。

引き戸を開放しているときは保育室と一続きの居室のような感覚でトイレを使用することができるので、一般的なトイレが持つ独特な冷たさや寂しさを子どもに感じさせることがありません。ブースの中には個人個人の着替えやおむつ替え時に使用する個人別マットなどを収納できる棚も設置されています。

保育室の中にあるから子どもをゆったり見守ることができる

保育者がゆったりできると、子どもが自分でやろうとする気持ちにゆっくり付き合うことができます。保育者が見守る中で、子どもが自分自身で便器に座ろうとしたり、自分で衣服をはこうとします。

保育室とトイレが一体的になって居室感覚のトイレ環境になっています。

沐浴設備やユーティリティも近くに配備

沐浴設備やユーティリティは子どものトイレ動線とは分けながらも近接させて、汚れ物を短距離で処理できるようにしています。トイレの前でおむつ交換を行い、汚れ物はユーティリティで処理をします。汚物流しまでの距離が短いことは衛生的にも有効です。扉を閉めれば洗濯機の音も気にならなくなり、子どもも近づけないので安全です。

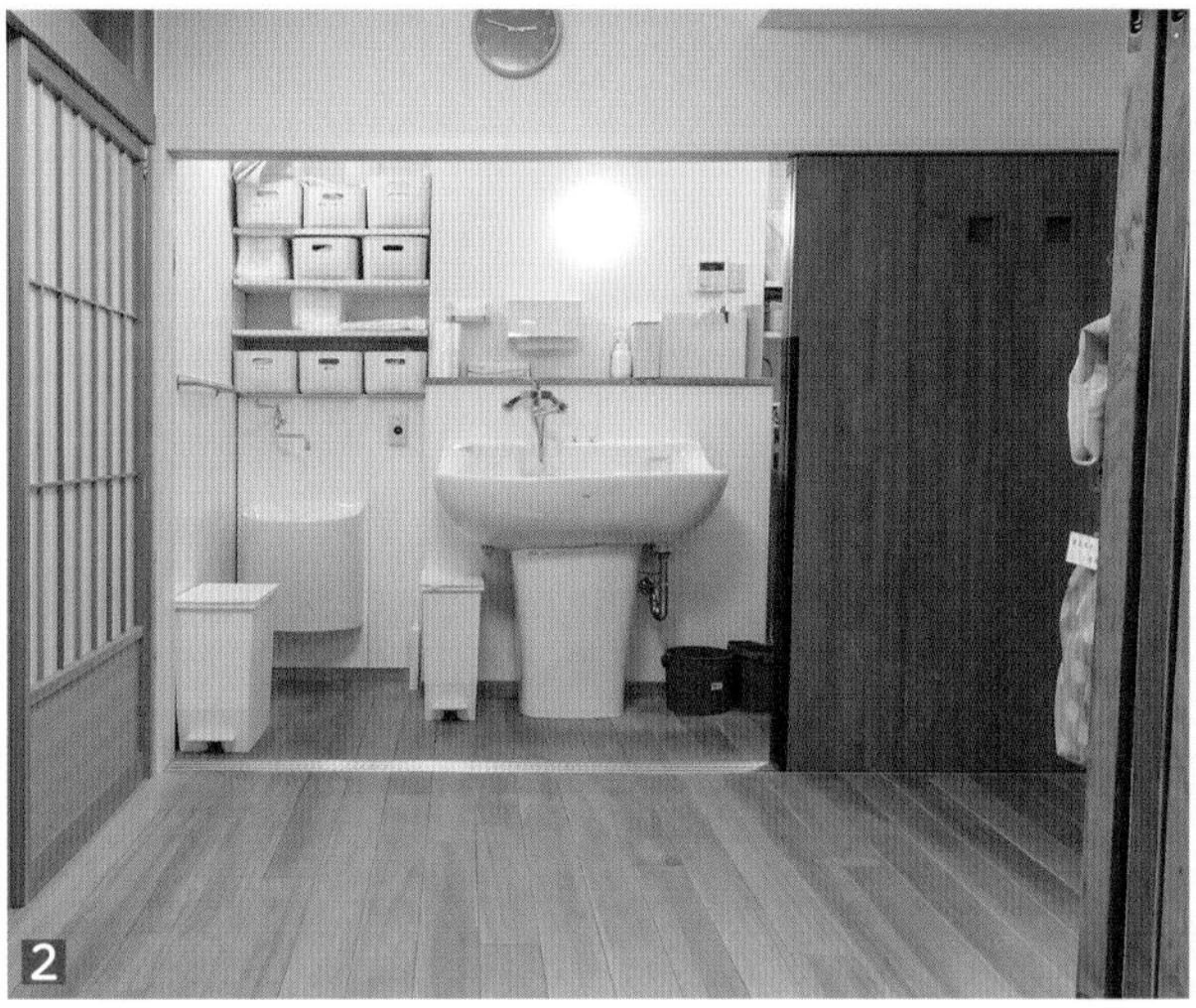

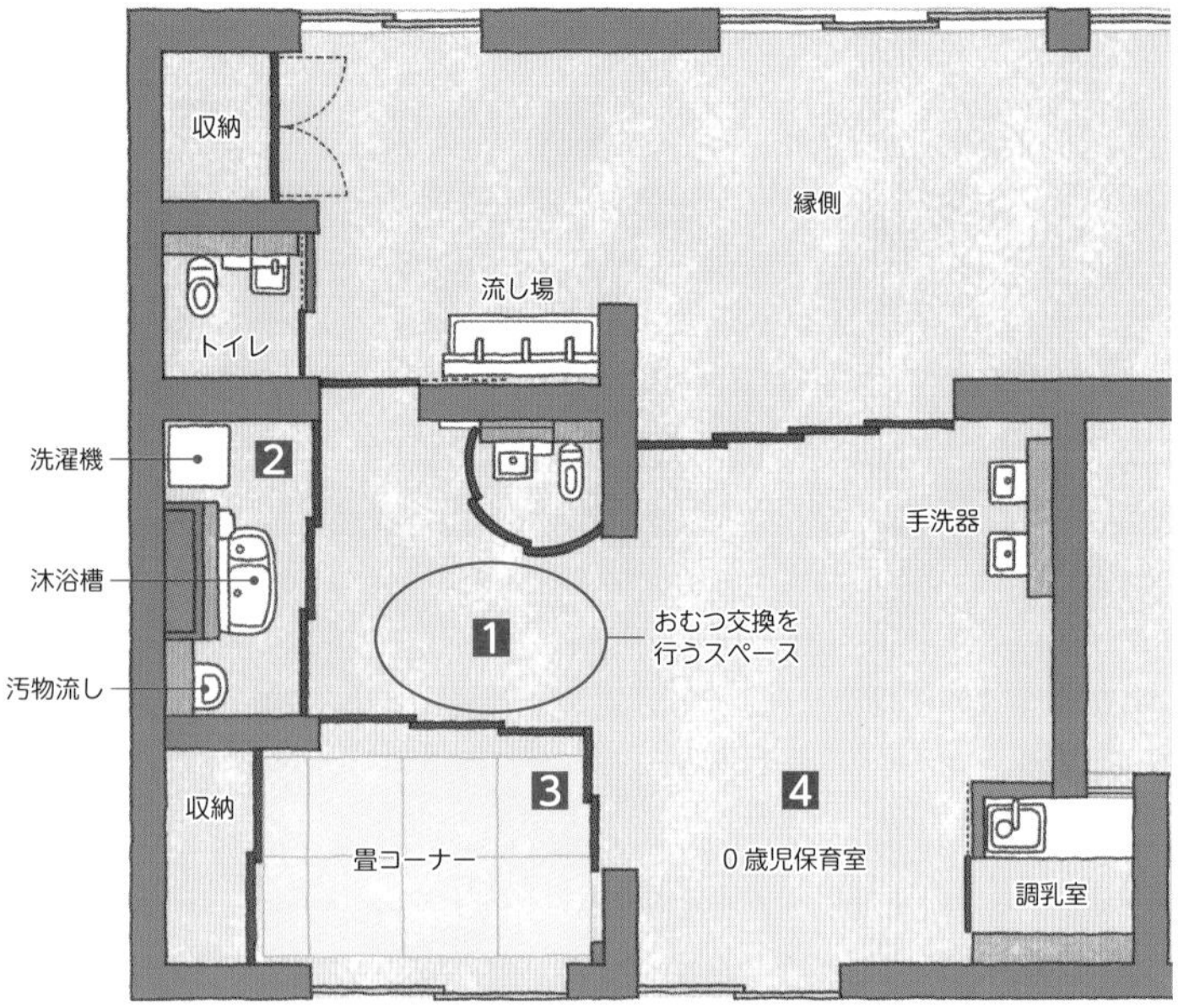

おおわだ保育園世田谷豪徳寺の正面全景

障子や家具で環境を調整

0 歳保育室の中に畳コーナーを設置し、障子で仕切れるようにしています。午睡中は障子を通して和室に薄明るい光が入ってきます。
特に年度の前半は眠っている子どもと活動している子どもが入り混じりますが、障子を閉めればおむつ交換やトイレの援助も気がねなく行うことができます。

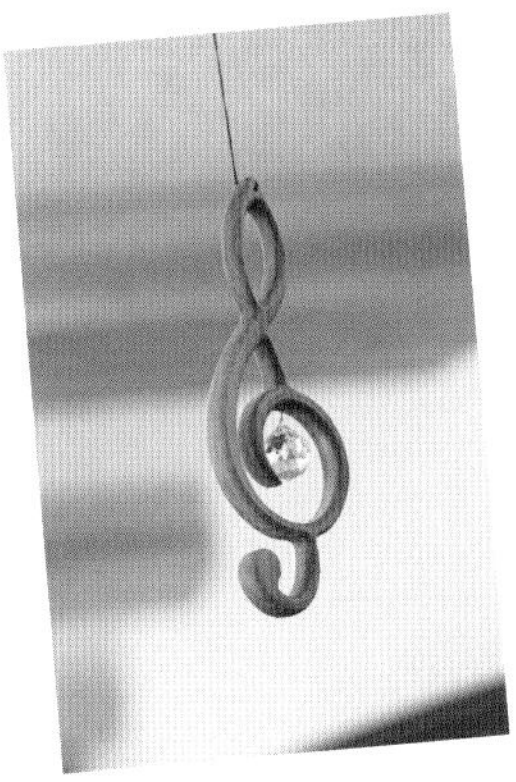

和室のすぐ左のスペースでは、子どもの月齢に合わせて家具の配置を変えたり、時間や活動に合わせて仕切ったり開放したりして生活しています。

3

0～1歳児

収納家具でトイレと保育室の広さを調節

浦和ひなどり保育園（埼玉県さいたま市）：0～1歳クラス＝定員0歳児18人・1歳児26人：竣工2013年

1歳トイレ
仕切りのないトイレが保育室の中にある

主に1歳クラスの子どもがおむつ交換や着替えを行うスペースです。保育室の中にトイレが設置されているので、おむつ交換の時に便器にも座ってみます。

ここでは便器が4つ配置されています。便器の手前にある木製の箱状のものには洗浄ボタンとトイレットペーパーが設置されています。洗浄ボタンが便器の手前にあると保育者もサポートしやすくなります。
年度の後半には0歳クラスの子どももここでおむつを交換することが増えます。おむつ交換マットのそばにあるオマルに慣れたら、徐々に本物の便器にも興味を示してゆきます。

汚物流しはおむつ交換スペースの近くに各1台設置しています。汚物を持ち運ぶ距離が短いのは衛生的で安全です。

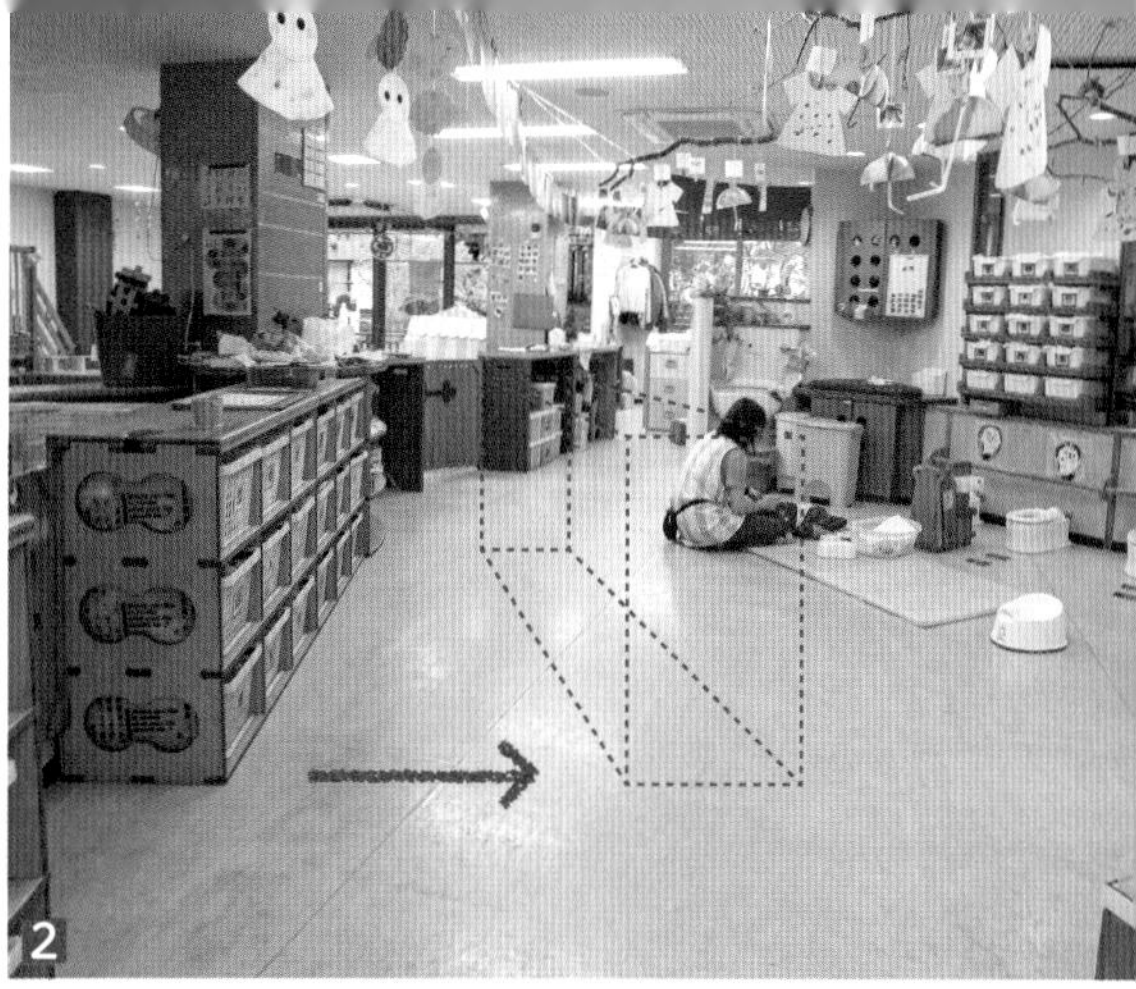

家具で空間の配分を調整

この保育室の特長は、家具の移動によって部屋の区画を自由に変えられることです。仕切りがほとんどない空間に、ほふく室、遊戯室、食事コーナー、トイレ、ユーティリティが配置され、可動式の家具で緩やかに境界を作っています。棚の向こう側は0歳のほふく室です。この棚でトイレコーナーや食事コーナーと分けています。年度の途中で棚を移動させてほふく室の広さを拡張したり、0 歳クラスと1歳クラスとの空間を一体化させて異年齢の交流を促しています。

部屋側に向けた手洗い場

壁に向けて手洗器を設置することは多いと思いますが、ここでは部屋側を向いて手が洗えるように設置してみました。この時期の子どもは石鹸や水道から流れる水に興味津々で、長い間手を洗っていることも珍しくありません。自分なりに納得のいくやり方で洗っています。手を洗い終ええると鏡で口まわりに食べものがついていないかちゃんとチェックすることもできます。そして時々、保育室の保育者とも目を合わせてニコリと笑っています。子どもの表情やしぐさが保育者にもわかりやすく、子どものこだわりや探究心にも共感しやすくなっています。

広い保育室を0歳・1歳で共有する

浦和ひなどり保育園の0歳〜1歳クラスの定員を合わせると44人という超マンモスクラスです。年度の前半は0歳と1歳クラスを家具で仕切って分けていますが、年度の後半は空間を仕切らずに子どもたちが自由に互いのクラスを行き来できるようにしています。「食事」と「排泄支援」の空間を専用に確保することで、この大所帯を切り盛りしています。

1歳2〜3か月になると歩行ができるようになり、興味が出れば便器にも座ります。最近は8〜9か月で座位が安定すればオマルに座らせてみることもあります。お昼寝から起きて、食事スペースでおやつを食べたら、子どもたちは自分でハイハイしたり歩いたりしておむつ交換のスペースまで行き、おむつ交換と着替えをしてもらいます。汚れ物を保育士から受け取って、自分のロッカーに入れて、部屋（ほふく室）に戻るという動線ができています。0歳と1歳が同じスペースで生活するので、子ども同士で真似て学ぶことも多いです。

0歳児のおむつ交換エリアとユーティリティスペース

主に0歳児クラスの子どもがおむつ交換を行うコーナー。右側がおむつ交換をするスペースで、左側は沐浴設備や汚物流し、洗濯機が設置されているユーティリティスペースとなっています。

ユーティリティスペース。沐浴槽には大きめのシャンプードレッサーを使っています。使用済みの布おむつは蓋つきのバケツに入れて、一杯になったら中央の窓から外部のストックボックスに入れ替えます。おむつ業者の人が保育室の中まで入ってこなくて済むために回収しやすく、においい対策にもなっています。

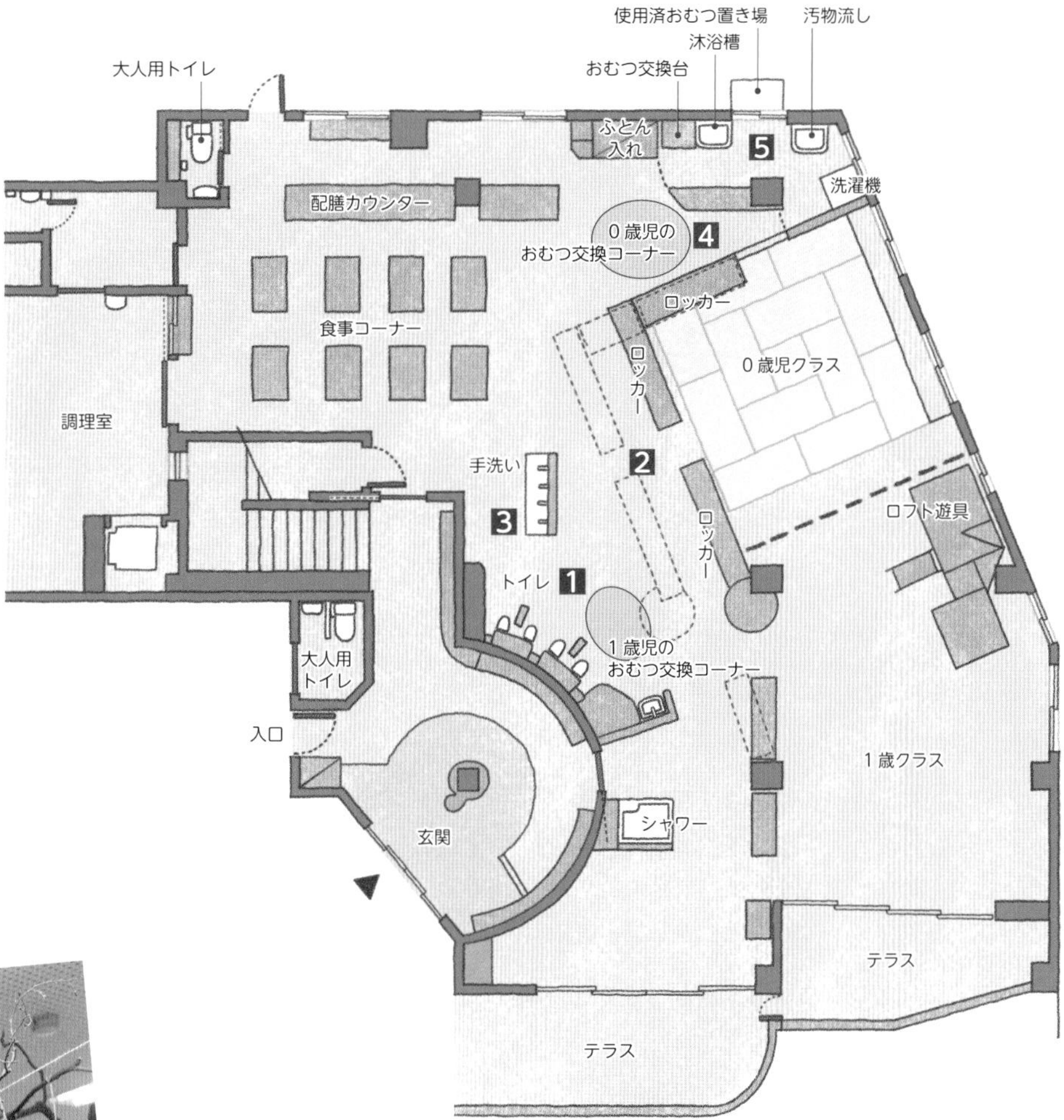

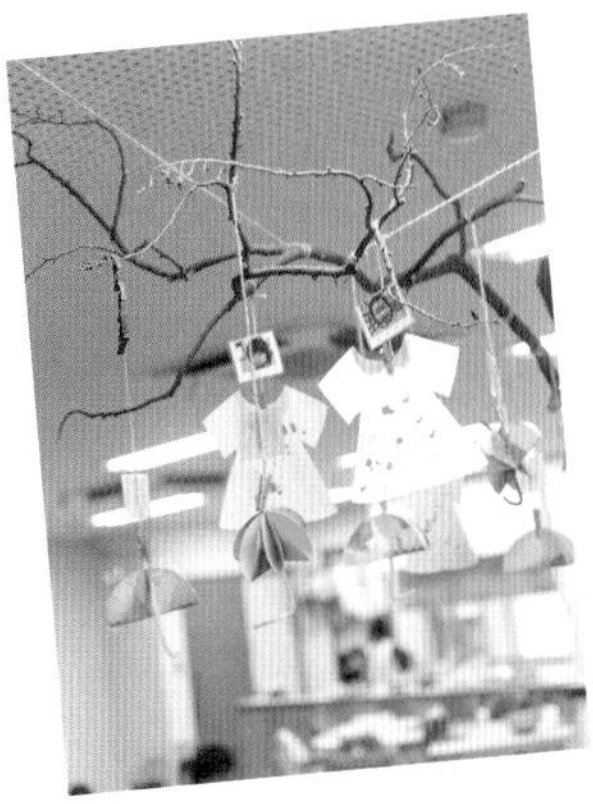

4

０歳クラスの子どももオマルに興味を示し始めたら座ってみます(9か月前後)。オマルで排泄ができた時の喜びは子どもも保育士も格別なものがあります。その瞬間を共有できることで子どもとの距離がぐっと近くなるような気がする保育士さんは少なくないと思います。

4

1～2歳児

子どもからの視線を意識したトイレ

おおわだ保育園（大阪府門真市）：1～2歳クラス＝定員1歳児24人・2歳児30人：改修2005年

壁の隙間からお互いが見える

1歳・2歳クラスがひとつの空間になった保育室の中間にトイレが位置しています。このトイレの特長は壁が低く、さらに隙間がたくさんあって、中がよく見えることです。大人からの見通しの良さだけでなく、トイレの中にいる子どもからも保育者の顔や様子が見えやすいように工夫しています。こうすることによって、子どもは便器に座りながらも、保育室の様子を見ながら安心して用を足すことができるのです。

大人が一緒についていかなくても、子どもが一人でトイレに行って帰ってこられるようにプランしていますが、この時期の子どもはなんでも「自分でやりたい！」という気持ちを強く持つ一方で、「見ていてほしい！」という気持ちも同時に強く、保育者と視線を合わせることで、安心して自分のペースで用を足すことができるのです。

赤い壁につけたにじり口はトイレへの近道です。

月齢によってやり方もさまざま

月齢が違うと便器に座る向きも壁に顔を向けるか手前に向けるか、ズボンも全部脱ぐか、下に下げるだけか、やり方もさまざまです。他児のやり方を見て、真似て、学んでいきます。

便器と便器の間の仕切りはなくていい

１～２歳クラスなら、便器と便器の間の仕切りやブース、扉はないほうが、むしろ子どもも安心できるのではないかと考えています。隣同士でやり方を比べ合ったり、お話ししながら用を足すのが楽しい時期でもあります。保育者が介助するときも仕切りがないほうが動きやすいですね。

発達や気持ちに合わせて選べることも大事

左側はシャワーです。右側の赤い壁の中にはオマルと便器を並べて置けるコーナーを作っています。

オマルコーナー。体格によっては水洗便器が大きすぎる場合や、便器は水が流れるので嫌がる子どももいます。そのため、便器かオマルかを選べるようにしていますが、このように並べて使っていると、子ども自身でオマルから便器を使うようになっていきます。

5

隙間や小窓から互いが見えることで安心する

小便器でも大便器でも、子どもは用を足している間も窓や壁の隙間から保育室の様子をうかがっていることがよくあります。保育者の姿が見えるだけで安心できるのでしょう。

保育者はだれかがトイレに入っているとすのこ状の壁の向こうに気配を感じることができるので、必要に応じて様子を見ることができます。壁が低いので中まで入らなくても声掛けもしやすいのです。

3

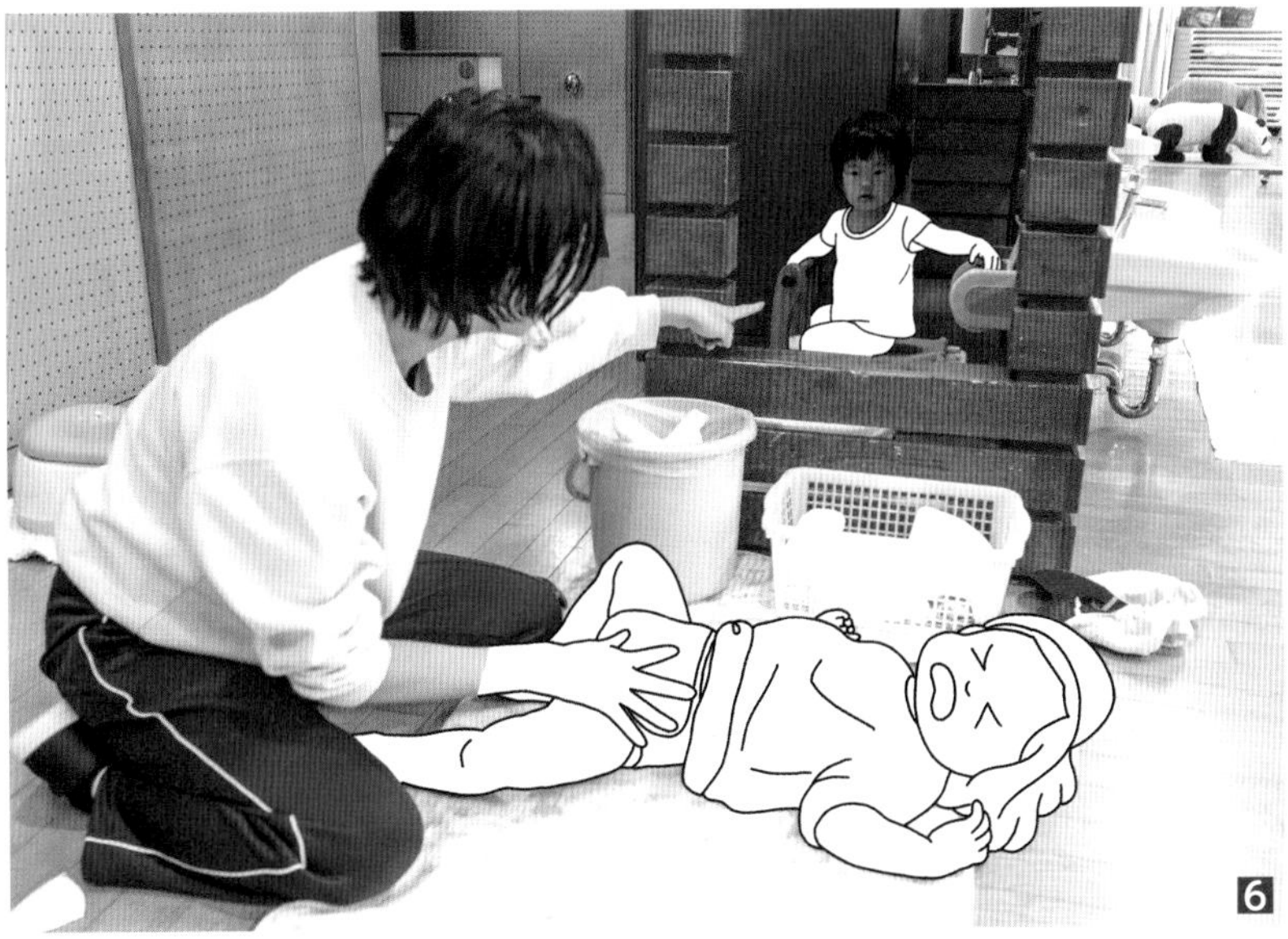

オマルコーナーにいる子どもは、手前でおむつを交換している保育者と、しっかりとアイコンタクトが取れるので、自分のペースでゆったりと用を足すことができます。

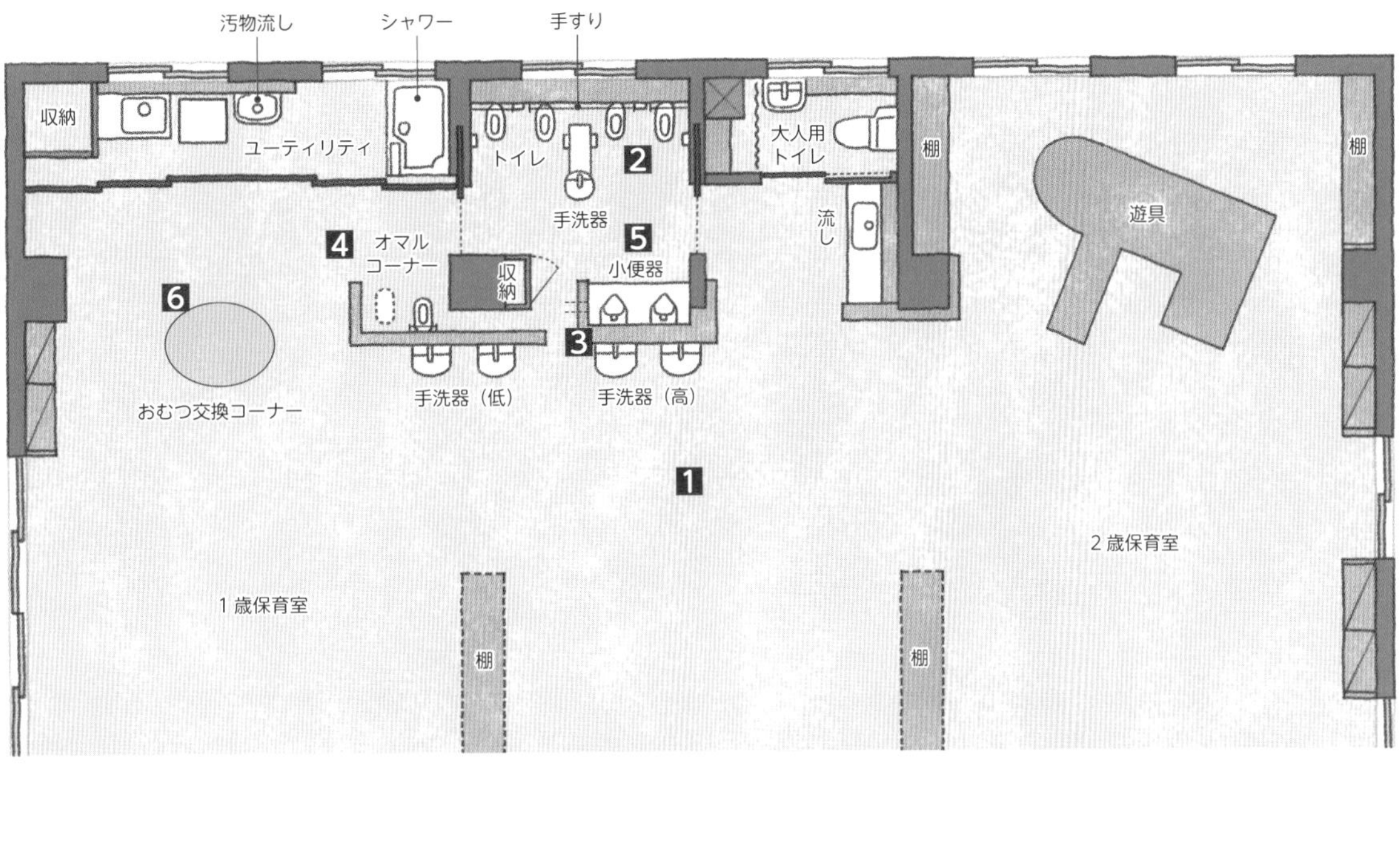

5

0〜2歳児

簡単な壁で仕切られたトイレ空間

松原保育園（東京都昭島市）：0〜2歳クラス＝定員0歳児9人・1歳児15人・2歳児20人：改修2015年

1
1〜2歳保育室と、壁で仕切られたトイレ

1〜2歳保育室から撮影した写真です（竣工時）。正面がユーティリティ室で、その向こう側に0歳保育室があります。右側の壁の裏がトイレ空間となっています。小窓からトイレと保育室を互いにうかがうことができます。

通路とトイレを一体化

松原保育園の1・2歳クラスではトイレとロッカーと通路が一体的な空間になっています。朝の登園時に保護者はトイレとロッカーがあるこの場所まで来て、着替えを補充し、子どものトイレに付き合い、おむつ交換を済ませ出勤します。お迎えの時はロッカーから衣類などの汚れ物を引き取って帰ります。保育室の中まで保護者が入って行かなくても済むようにしています。このトイレは扉などついていませんが、トイレ空間と保育室がほどよく仕切られており、なおかつ子どもがアクセスしやすくなっています。

現在の様子。棚を置いて、部屋を2つに区切っています。トイレへは黒い壁の左右どちらを通ってもアクセスできます。

黒い壁の裏側、トイレ側から見たところです。

トイレと個人ロッカー（着替え・替えのおむつ・汚れ物などが入る）が向かい合っているので、保護者の送迎時の動線はここだけで済みます。

トイレ側にロッカーを設置して送迎時や着替えの動線を集約

外遊びから帰ってきた時も順番にロッカーの前に行き、トイレに座った後、着替えをします。

0 歳クラスとユーティリティ

ユーティリティ室が 1・2 歳クラスと 0 歳クラスとの間に配置され、3 か所の入り口があって、どこからも出入りができるようになっています。

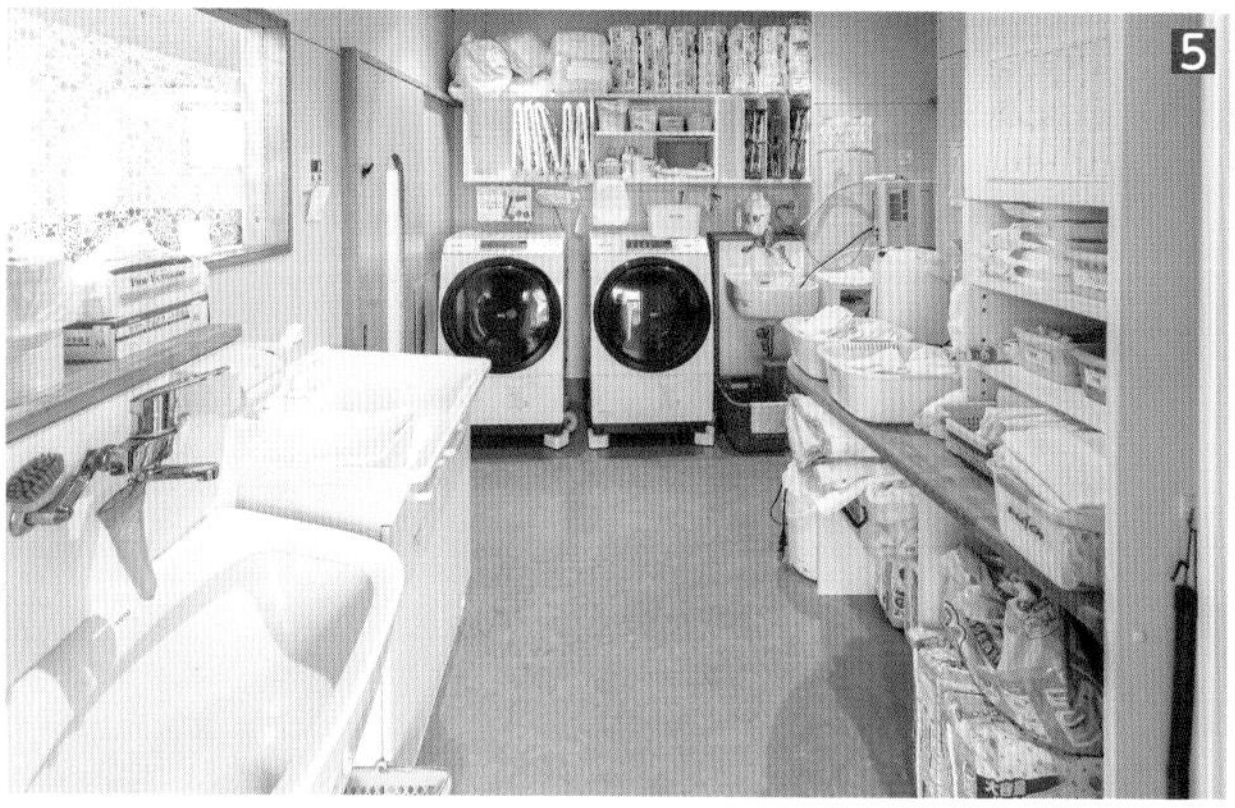

ユーティリティ室の内部です。全自動洗濯乾燥機が 2 台、汚物流し、沐浴槽、大容量の収納棚、清掃用具入れが全て収まっています。

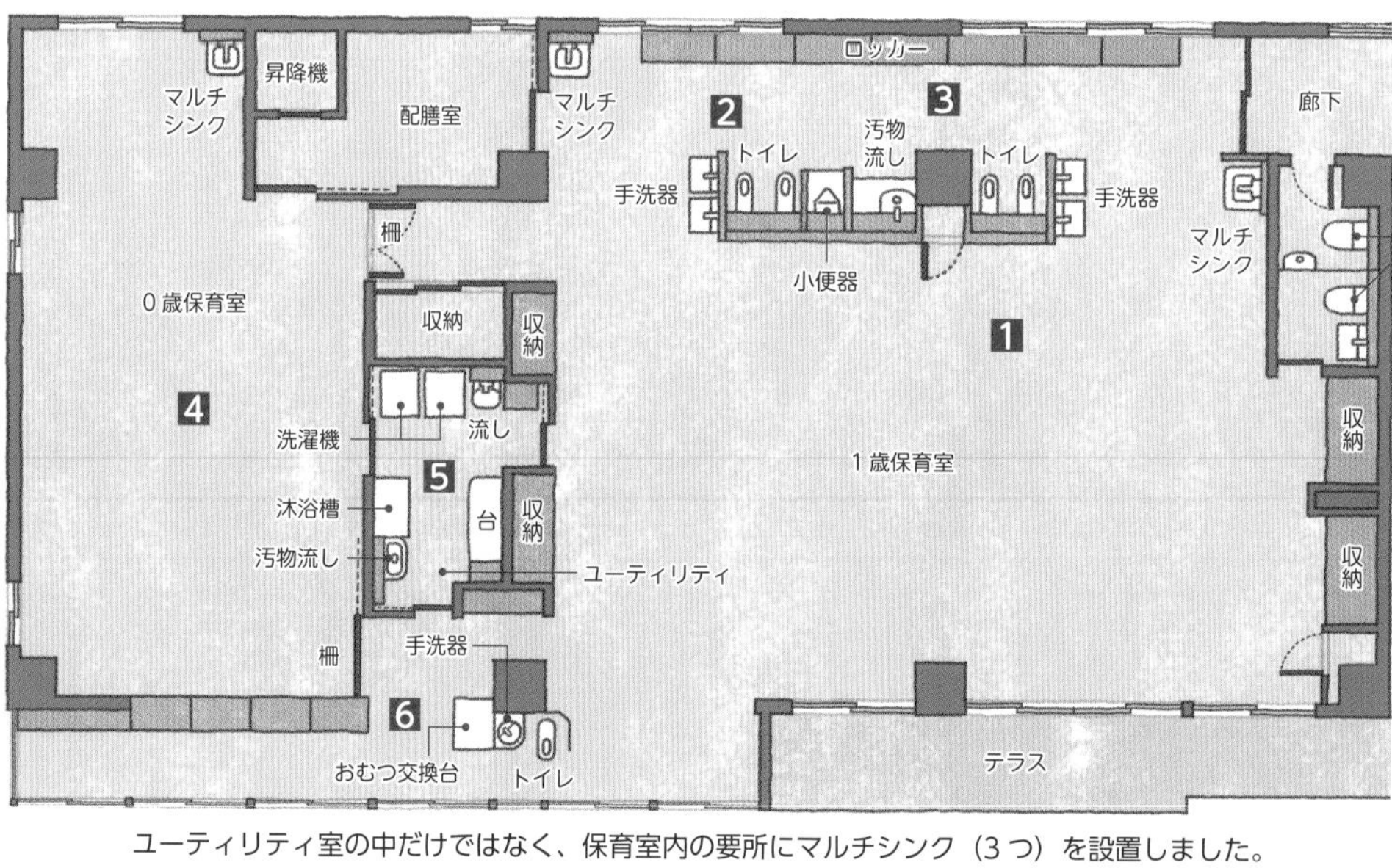

ユーティリティ室の中だけではなく、保育室内の要所にマルチシンク（3 つ）を設置しました。

山田園長先生と石田主任。
計画段階では何度も一緒に打ち合わせを行いました。

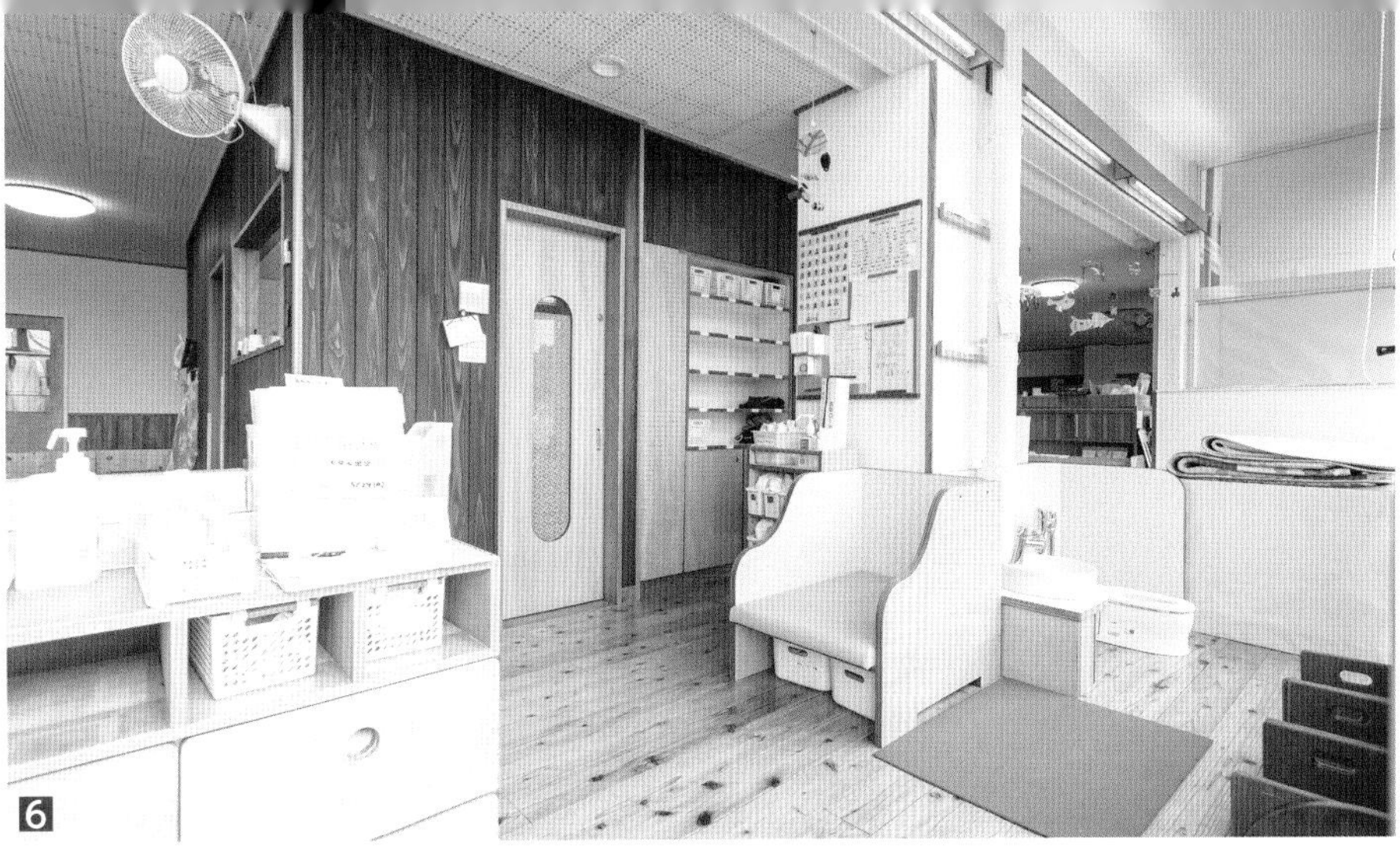

6

おむつ交換台、手洗い、トイレをまとめて配置しています。０歳用のトイレコーナー側にもユーティリティ室の入り口があり、汚れ物を最短距離で処理できます。

０歳クラスのトイレ環境

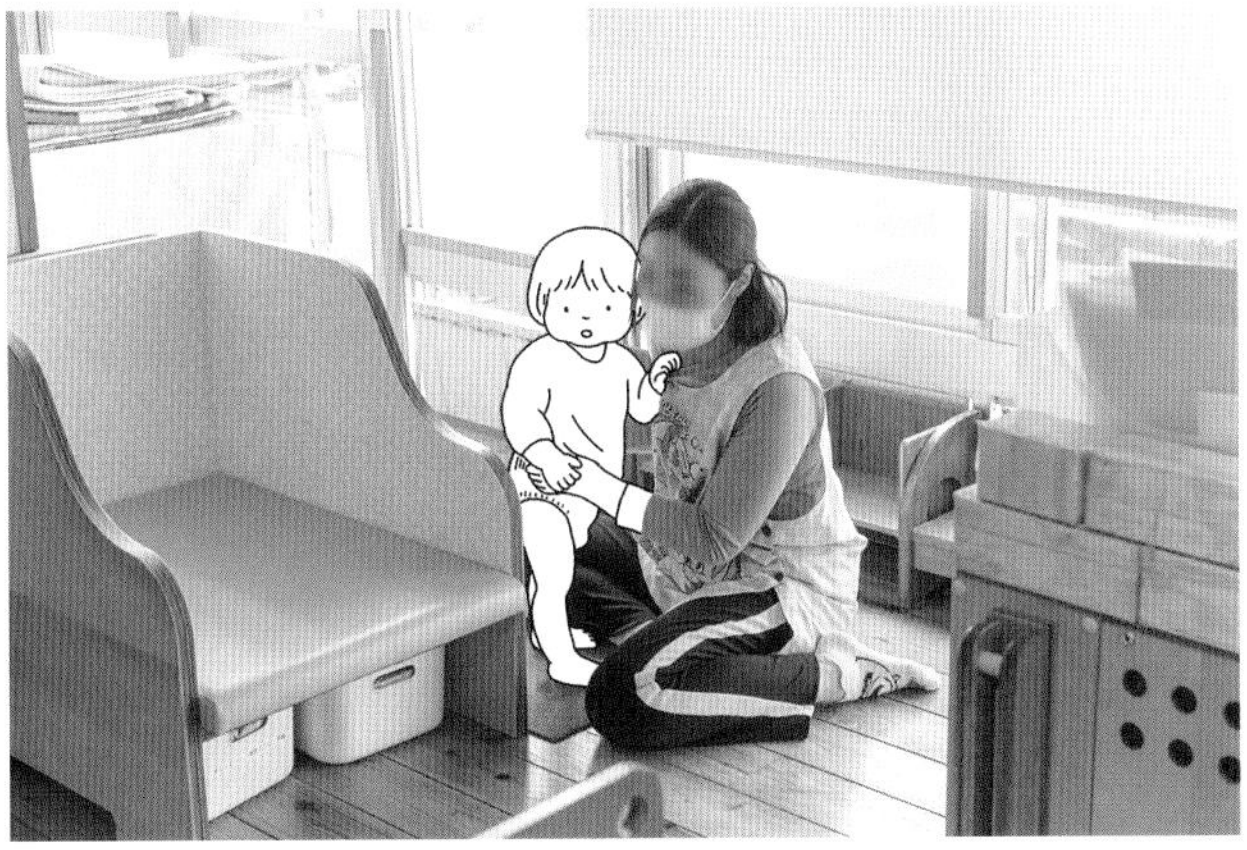

月齢が高くなり、パンツ型のおむつを使うようになると、立って交換するほうがスムーズな場合もあります。

月齢の低い子どもは台の上でおむつを交換します。

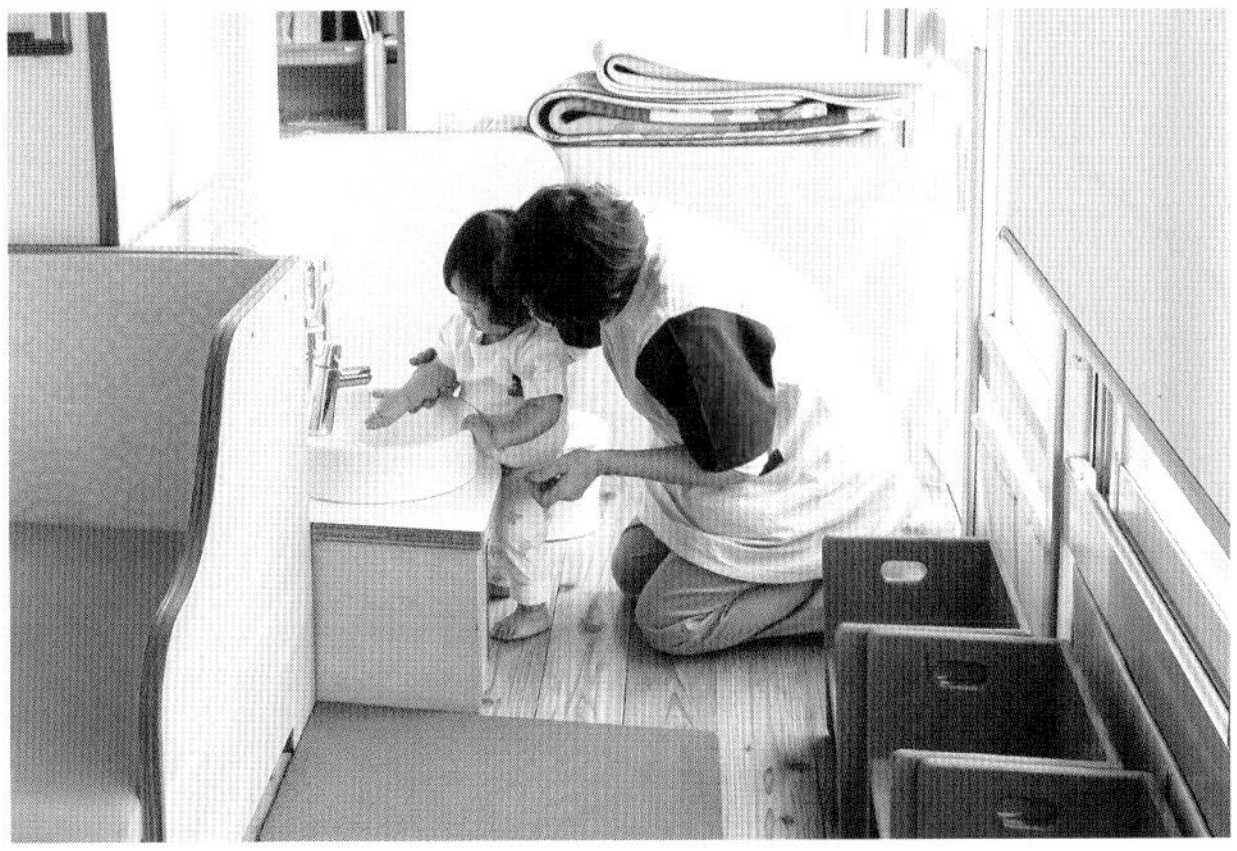

近くに便器があれば子どもは興味を示すので、座らせてあげると、便器で排泄することもできます。最初は偶然タイミングが合って出る場合もありますが、だんだんそのタイミングを子ども自身も理解できるようになります。写真の子どもには、便器はまだ少し大きいようですが、便器に座ることは誇らしいことでもあります。

1～2歳児

6 長細く、暗いトイレ空間を温かい空間へ

社会福祉法人 仁慈保幼園 多摩川保育園（東京都大田区）：1～2歳クラス＝定員1歳児16人・2歳児20人：改修2018年

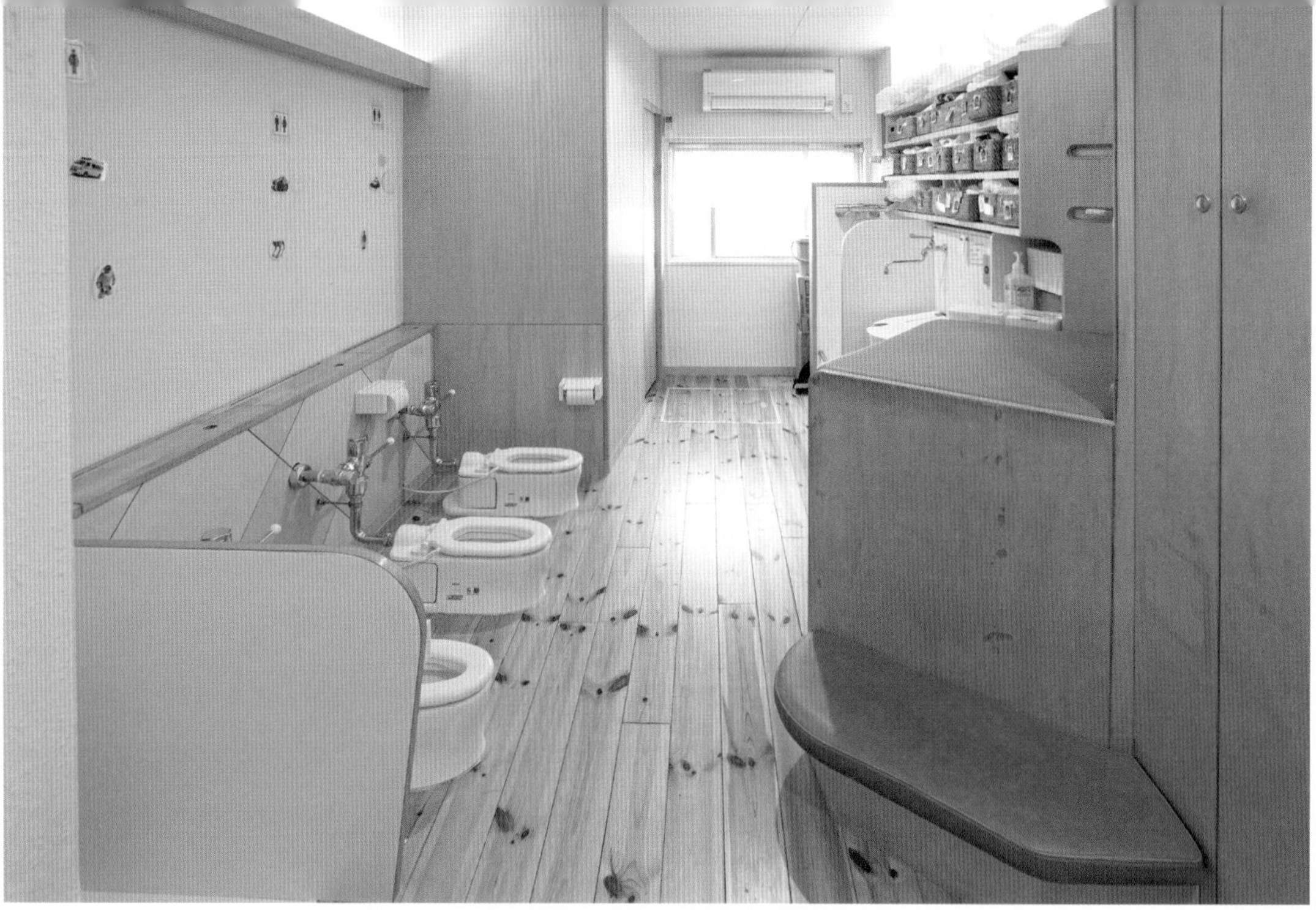

公立保育所の園舎を可能な範囲で改修

多摩川保育園は東京都大田区の区立保育所の民営化に伴い、古い園舎をそのまま引き継いで使っています。古い園舎の特徴でトイレは入り口が狭く奥に長細い、いわゆるウナギの寝床のようなレイアウトで、床も細いタイル貼りでした。子どもがスリッパに履き替えなくてもいいようにと、職員の方がDIYで樹脂のフローリングシートを敷き詰めて工夫していましたが、ついに改修することになりました。とはいえ、区からの借りものである建物を自由自在に改修するのは簡単ではなく、レイアウトを大きく変えることはできませんでした。それでも床材を無垢のフローリング材に替え、内装にできるだけ木質材を使うことで大きく雰囲気を変えることができました。

長細いトイレの手前は子どもの空間、奥は大人の空間

腰かけてズボンがはけるベンチ

廊下から入ってすぐの便器コーナー。床材が無垢のフローリング材に変わり、裸足で歩いても、膝をついても座り込んでも気持ちのよい空間になりました。

登園後は必ずおむつ交換・トイレタイム

朝の登園時はまず保護者が子どものおむつ交換や便器に座って用を足すことを手伝います。通勤前のあわただしい時間の中の一コマですが、保護者の方に見守ってもらいながら用を足し、ほめてもらえることは子どもにとってはとても誇らしくうれしい時間ではないでしょうか。

1

排泄物が流れていくのを保育者が一緒に見届けるのも大切なことです。子どもにとって排泄物は特別なものでもあり、信頼する人と見送ることで排泄が完了するといえるかもしれません。

改修前のトイレ。床も壁も温かさに欠ける材質でできています。

おむつ交換台は少し斜めに設置しています。斜めにすることでおむつを交換している保育者から便器に座っている子どもの顔がよく見えて、コミュニケーションが取りやすいからです。少しの工夫ですが、保育者にも子どもにも安心感を与えます。また、おむつ交換台と汚物流しの動線も近くしています。

斜めに角度をつけた、おむつ交換台がポイント！

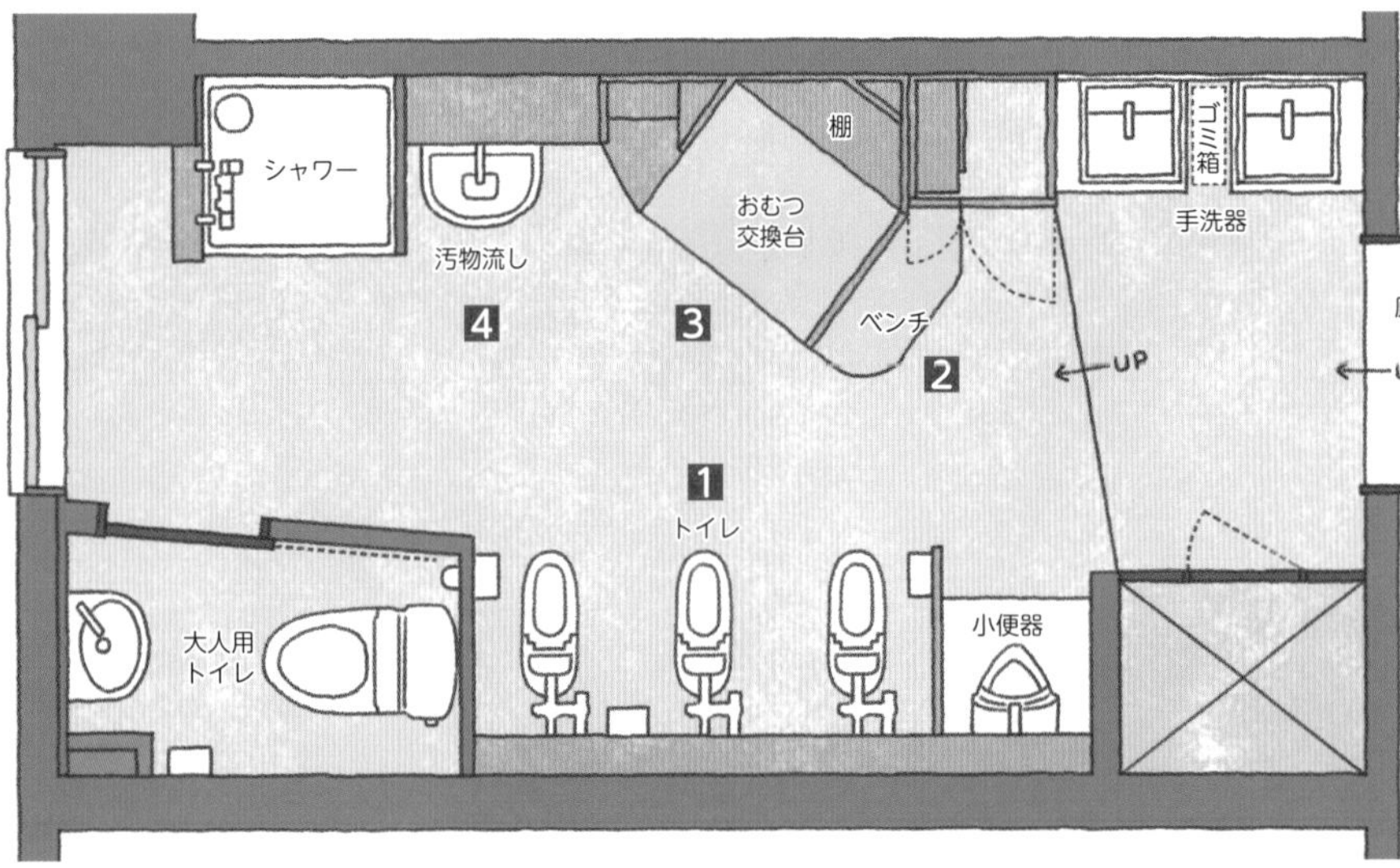

各園児のロッカー。左側におむつ交換台がある。

上着掛け、帽子入れなどがあり、奥には子どもが自分でパンツを履き替えるスペースもあります。

着替えやおむつ交換のための部屋

多摩川保育園には１歳保育室と２歳保育室の間に、個人ロッカーやおむつ交換台が設置されている部屋が別にあります。こちらの環境づくりには筆者は関わっていないのですが、とても便利なアイデアなのでご紹介させていただきます。１・２歳クラスの保護者はまず登園したらこの部屋へ入り、着替えを詰め替えたり、おむつ交換台でおむつを交換します。便器に座って用を足したい子どもはそのまま保護者と一緒にトイレへ移動します。一度に複数の保護者が入っても、おむつ交換台が３台もあるので待たずにおむつを交換することができます。日中も外遊びからそれぞれの保育室へ戻る前に、まずはこの部屋に立ち寄って汚れた服やおむつを交換してから保育室へ戻ります。園舎の空間に余裕がないとなかなか実現するのは難しいかもしれませんが、このようなスペースがたっぷり確保できると、朝のあわただしい排泄のお世話も穏やかな気持ちになれそうですね。

通勤前のお父さんが、登園後おむつを交換しています。

2歳児

7 カーテンからの光が優しいトイレ

とりかいひがし遊育園（大阪府摂津市）：2歳クラス＝定員25人：竣工2011年

子どもの主体的な行動を邪魔しない

2歳クラスになれば、トイレに行ったり来たりはもう一人でも十分にできます。混み具合を自分で見てトイレに行くタイミングを自分で調整したり、友達とおしゃべりしながら用を足したりと余裕もみられます。しかし、まだまだ見守られていることが支えになっています。見守られている中で、自分で調整して行動を決めることが心地よく、それが自信になっていく時期です。

とりかいひがし遊育園の2歳クラスのトイレは大きな窓から園庭が見渡せる位置にあります。午後からは陽が差し込み気持ちのよい空間です。薄いレースのカーテンがやわらかな雰囲気を出しています。保育室とトイレは高さの低い壁で仕切られています。子どもたちはこの空間で用を足し、手洗いを順序よくこなし、流れるような動線で動いていきます。

1

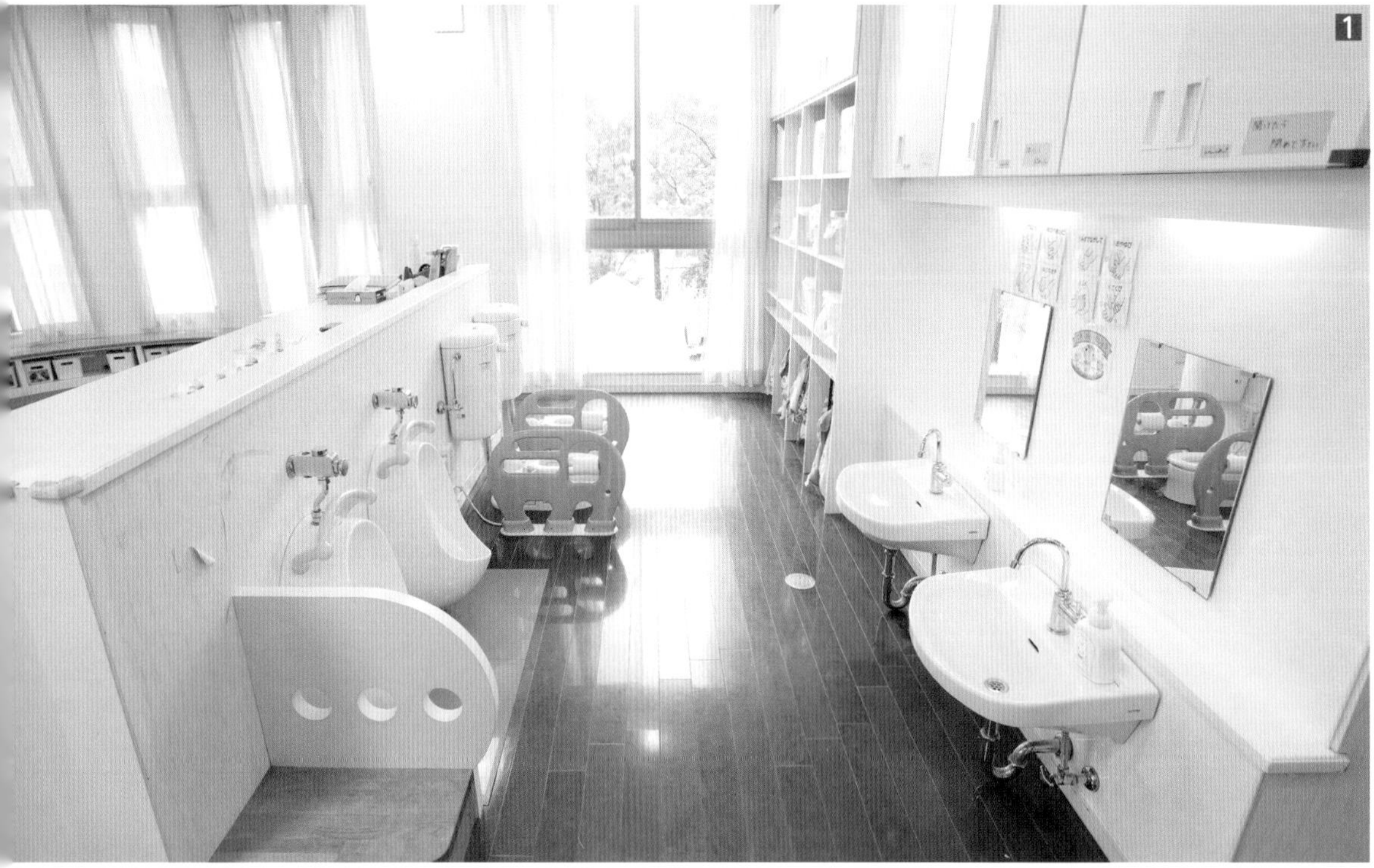

トイレの中にレースのカーテンが下がっているなんてちょっと珍しいのではないでしょうか。保育室と一続きになったトイレなのでインテリアも保育室と同じです。

1

「自分で！」と「見てて！」を両方叶える空間

「用を足した後に自分でレバーを操作して水を流したい」、「ズボンを自分で履きたい」、でも思うようにうまく行かないこともしばしばです。保育者の見守りと最後のちょっとした仕上げのお手伝いがあって満足に完了します。

2

保育室からトイレを見ると

保育室からトイレのほうを見ると、トイレの器具などは隠れていますが、保育者や子どもがいる雰囲気はわかります。トイレ側にいても、保育室側にいてもお互いの様子がわかるので、子どもも保育者も安心していられるのです。

3
アクセスしやすく渋滞しない
トイレへのアクセスは 2 方向からできます（お隣のプレイルームからのアクセスを含めると 3 方向）。回遊できるため動線がスムーズに流れます。

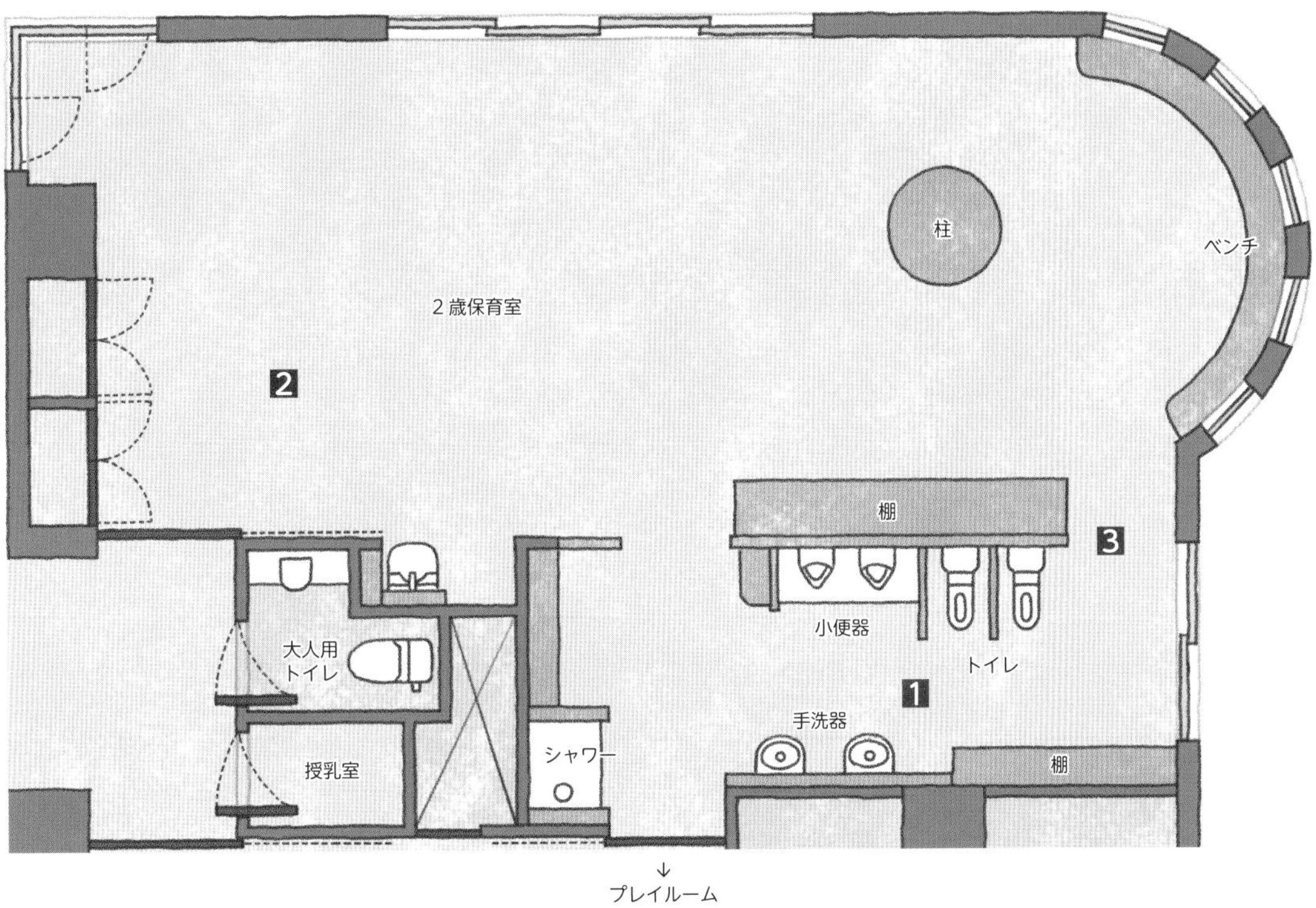
柱
ベンチ
2 歳保育室
2
棚
3
大人用
トイレ
小便器
トイレ
1
手洗器
シャワー
棚
授乳室
プレイルーム

3～5歳児

8 点在するトイレブースが作るユニークな空間

おおわだ保育園（大阪府門真市）：3～5歳クラス＝定員3歳35人・4歳40人・5歳40人：改修2010年

3クラスを横断してバラバラに点在するトイレブース

3～5歳クラスの保育室は、かつてそれぞれが壁で仕切られており、各々にトイレも設置されていました。保育室の改修を機に部屋を仕切る壁を取り払い、トイレ空間は3クラスが兼用で使えるように、しかもどのクラスからも身近に使えるように考えました。3～5歳児は年齢別にクラスが分かれていますが、手洗いやトイレや歯磨きの時間は年齢が入り混じって交流できるようになりました。

そして、このトイレのもっとも特徴的な点はトイレブースや小便器、手洗器がひとかたまりのコーナーに配置されるのではなく、それぞれがバラバラに配置されていることです。どこか1か所にトイレコーナーを配置すると、ある保育室からは近くても、ある保育室からは遠く

1

どこに？

の裏側に4歳保育室があって、保育室の空間はつながっています。正面の段差を上がった先が手洗いスペースになっています。

なってしまいます。だから、思い切ってトイレブースや小便器をバラバラに配置してみたのです。多くの子どもたちは自分の保育室から近いトイレブースや小便器を使いますが、中にはお気に入りの場所があってわざわざ離れた場所のトイレに行く子どももいます。

このように、トイレ機能をバラバラに配置することで、その間にある空間がちょっと面白いコーナーになっています。ブースとブースの間にごっこ遊びのコーナーや、多目的に使えるテーブルコーナーや絵本コーナーができました。園舎の天井の高さを活かして、トイレブースの上部にはデッキを載せてロフトを作っています。

トイレは

3歳保育室側から見たトイレとロフトです。ロフトの下の小さな小窓が付いた壁の中がトイレブースです。左側のロッカーの裏側に5歳保育室、右側のロッカー

独立して点在するトイレブース

一つひとつが独立したトイレブースは、家庭のトイレに似た雰囲気があり、それが子どもたちの安心感につながっているように思います。トイレブースが点在しているので、その時に子どもが活動している場所から近いトイレブースや小便器を選択して使えるのが便利です。なによりも子どもたちがトイレに行くことを「おっくう」に感じないで済むことがこのトイレの利点です。

手洗器と小便器は空間の両端へ

小便器と手洗器は 3 基ずつ東と西の端に設置しています。

トイレブースをバラバラに配置してみると、その間の空間にごっこ遊びや絵本コーナーなど小さなコーナーが作りやすくなりました。写真では、小部屋にキッチンセットを置いてままごと遊びのコーナーにしています。

トイレブースとトイレブースの間に遊びコーナーが誕生

黄色の長いテーブルは可動式で多目的に使えます。テーブルをつけたり離したりして、自由にグループを作って遊んでいます。午後は外からの光が薄くなって、ライトテーブルで遊ぶのに好都合です。

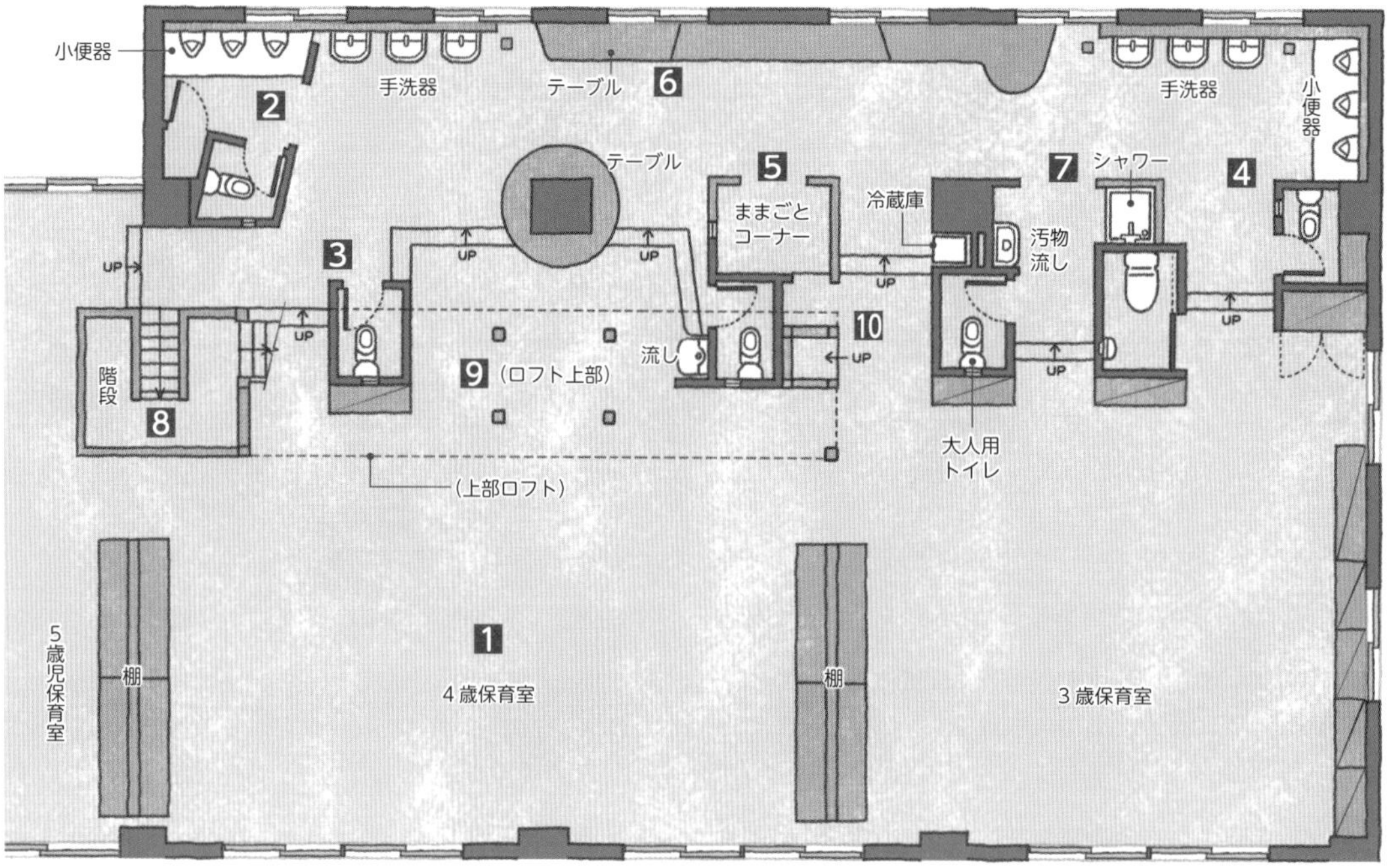

階段下の空間を活用

ロフトの階段の下を利用して絵本コーナーに。天井が低いのでかえって落ち着くようです。

幼児クラスでももしもの時に備えて、シャワー（左側）と汚物流し（右側）を設置しています。

トイレの上にロフトを設置。上下左右、立体的な遊び動線

ロフトの上部。絵本や、ぬいぐるみなど柔らかいものを置いて子どもたちがくつろげる場所になっています。

ロフトの上部へ行き来するための階段はジャングルジムのようです。

9

3～5歳児

保育室の真ん中にトイレがある

とりかいひがし遊育園（大阪府摂津市）：3～5歳クラス＝定員3歳児24人・4歳児21人・5歳児31人：竣工2011年

ロッカーで空間を仕切って使っています。左側の遊戯コーナーの真ん中にあるのがトイレ。

大便器ブースが4つ、小便器が4つ、手洗い器が3つ設置されています。小便器は、遊戯室から緩やかに視線を遮るように配置しています。

遊びが中断されることなく行けるトイレ

とりかいひがし遊育園の園舎の1階には幼児クラスが配置されています。3歳クラス、4歳クラス、5歳クラスの保育室と遊戯室とトイレが大きなひとつの空間に収まっています。各クラスは収納棚で仕切られ、遊戯コーナーの真ん中にトイレが配置されています。子どもの活動スペースのすぐ近くにトイレを配置するという考え方です。トイレを壁側に配置しないことで、壁側に大きな窓を設けることができ、室内は一日中明るく、トイレもいつもカラッとして衛生的です。外遊びの途中でも園庭からダイレクトにトイレにアクセスすることができます。

　とりかいひがし遊育園の保育方針は「アソビコミ」です。夢中になって遊びに向き合ってこそ学びが引き出されると考えています。トイレが活動場所のすぐ近くにあるので、子どもたちは遊びに夢中になっても排泄を我慢することなく過ごしています。

2

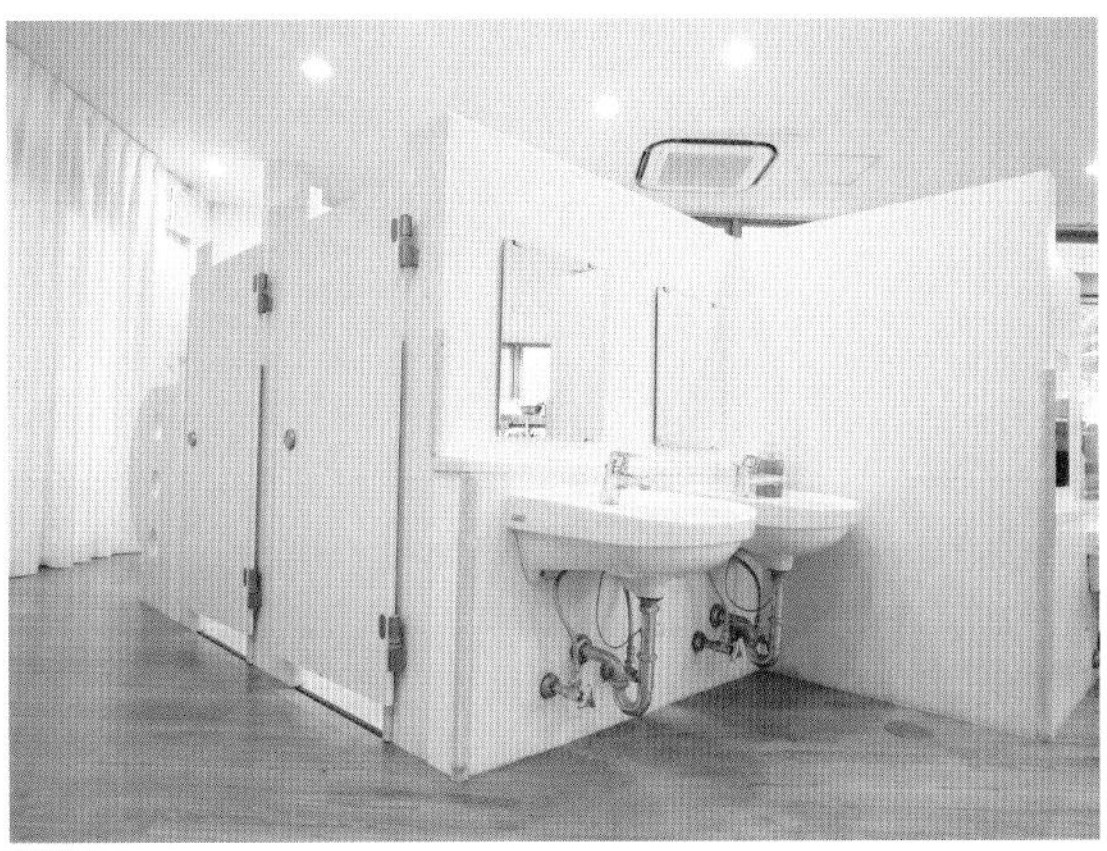

遊び空間とトイレの共存

保育室の一角にはパズルやブロックやパネルが整然と棚に収納されていて、自由遊びの時間には子どもが自由に取り出して遊びを始めます。

遊具収納棚

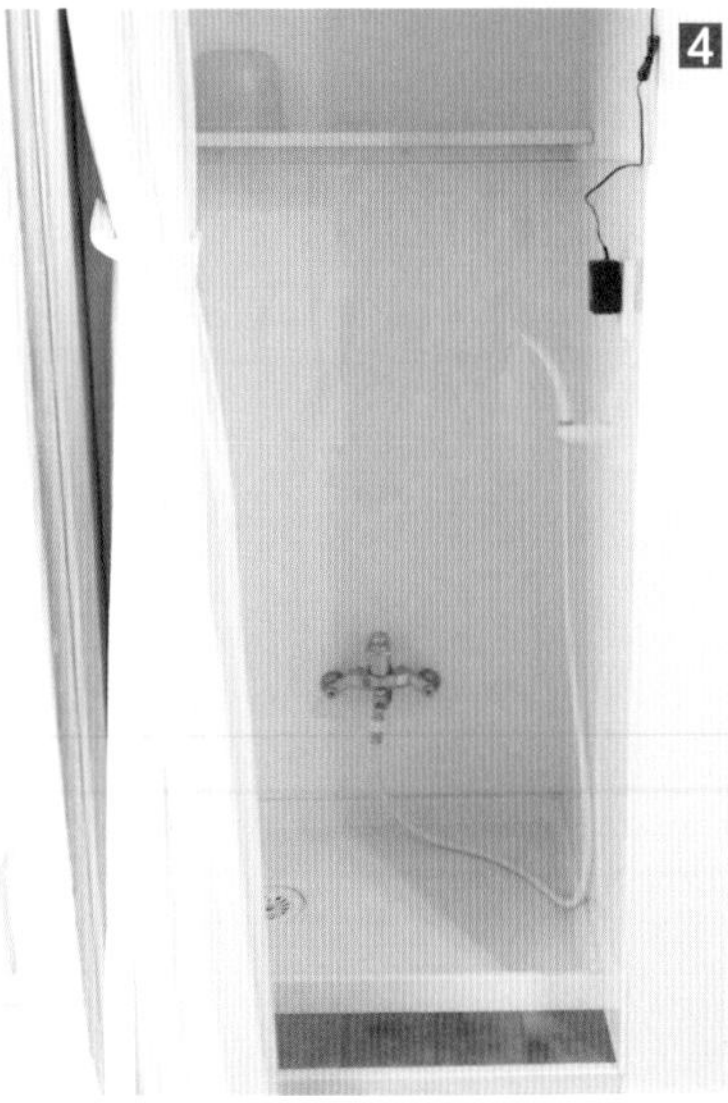

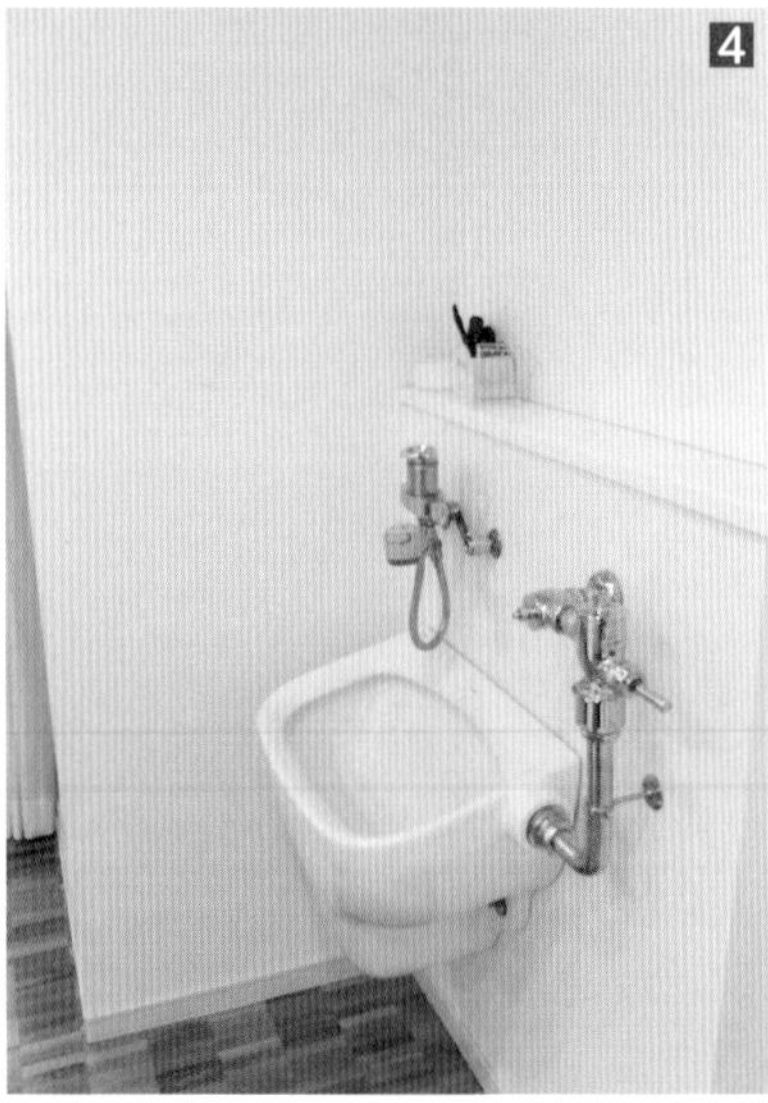

保育室側からはほとんど見えませんが、遊戯コーナーの角にシャワーと汚物流しがあります。

トイレがどこからも見える

保育室の中には立体遊具もあり、そこでも子どもたちは元気いっぱいに遊んでいます。トイレに行きたいときはサッと行って、またすぐ遊びに戻っていきます。トイレがいつも見える位置にあるため安心なのです。

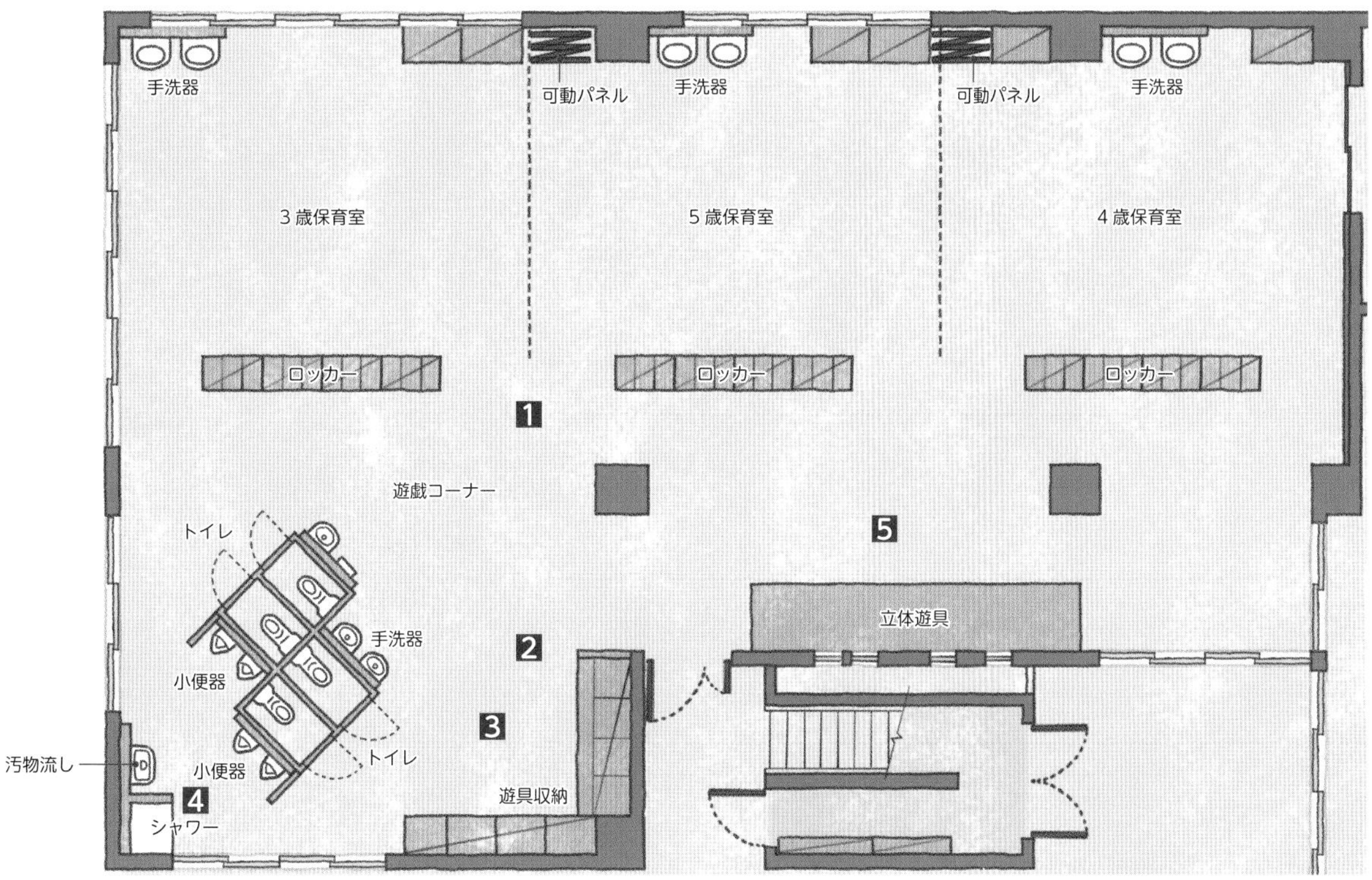

10

3～5歳児

廊下とトイレを一体的な空間にしたオープントイレ

やまた幼稚園（神奈川県横浜市）：3歳クラス＝定員150人：竣工2013年（定員変更により、現在は3歳クラスのみで使用）

改修でトイレの壁を取り払う

やまた幼稚園の改修する前の園舎は、長い廊下の両側に部屋が並ぶタイプの園舎でした。廊下と部屋は壁でしっかり区画されており、トイレもやはり同じでした。廊下は登園・降園時、トイレへの行き帰り、園庭への行き帰りに使う文字通り「通路」でしたが、トイレの壁を撤去して廊下と一体的な空間に変えたことで、フロア全体が明るくなりました。

また、この改修ではトイレだけでなく周辺環境にも工夫を加えてみました。階段下のスペースを制作コーナーや制作材料の収納庫にしたり、トイレの脇に絵本コーナーを作ってみました。以前のトイレは、一斉に行ってブースの前に並んで待ち、用が済んだら少しでも早く教室に戻りたくなる場所でしたが、改修後はトイレが混雑していたら絵本を読みながらトイレが空くのを待ってみたり、トイレの前の段差に腰かけておしゃべりしながら待っています。ただ待っているのは大人でも辛いものですが、子どもたちも環境が整っていれば自分たちで適当に調整することができるのです。

改修後のトイレは開放的なので、子どもにとってもトイレは怖いところではなく、一人で行くのも抵抗感がなく、保育者にとっても見守りしやすい空間になりました。（改修当時は3～5歳対象でしたが、現在は3歳クラス対象に変更になっています）

トイレを開放的にしたらフロア全体が明るくなった

中央が大便器ブース、両サイドに小便器と手洗い場があります。トイレ前の段差は腰かけておしゃべりしたり、ジャンプするのが人気のようです。

大便器ブースの上部。木が生えているような支柱と照明のデザインです。

大便器ブースは、廊下側と裏側から入れる４つとその他に２つ（職員用含む）あります。

ブースの壁面に設置されているのはコップ置き棚と個人タオルのフックです。

トイレ空間の両サイドを絵本コーナーに
3

トイレコーナーの両側に絵本棚を配置したポケットコーナーを作りました。トイレの行き帰りに気になる絵本を手に取って読んでみることができると素敵だなと考え提案しました。

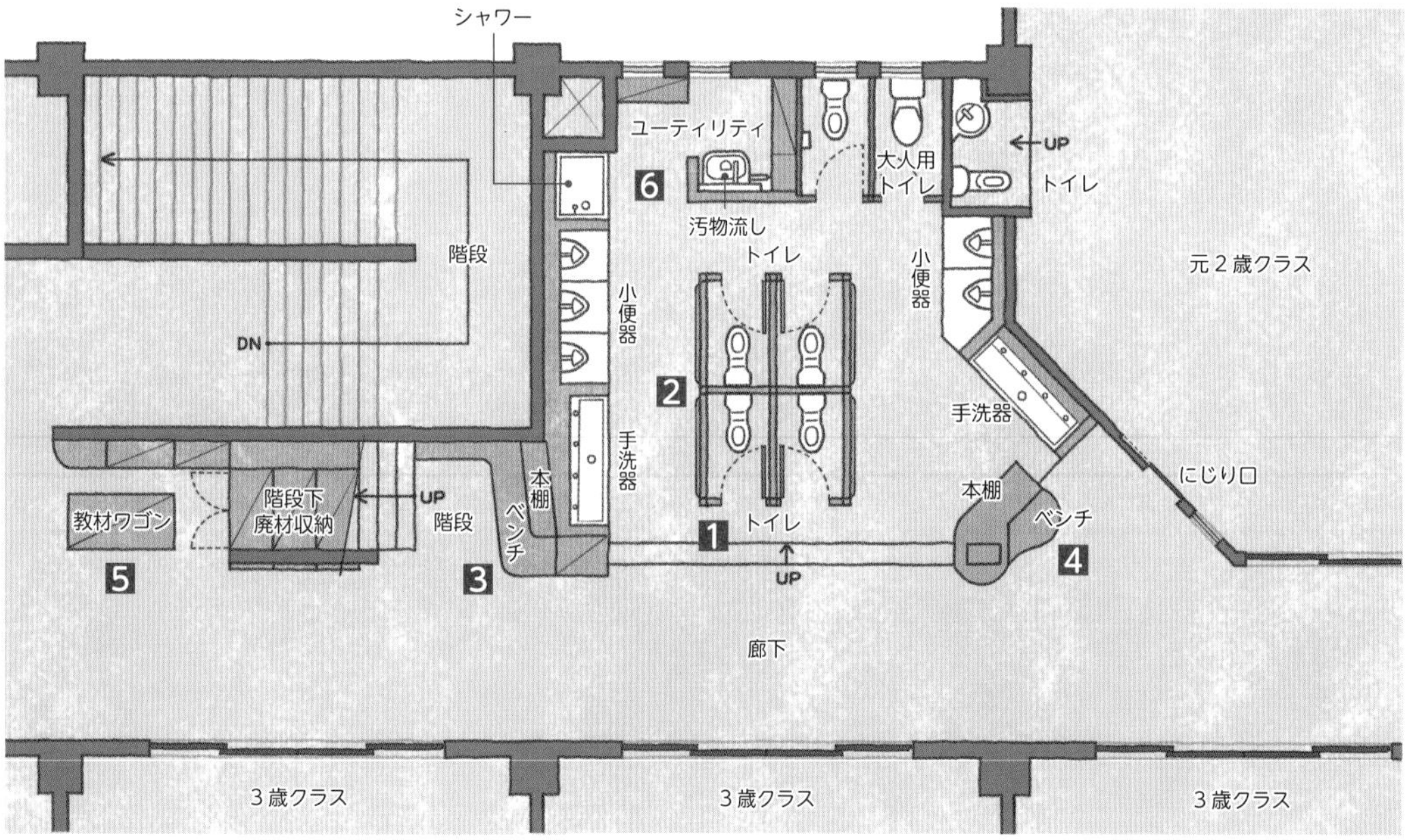

5

改修後：トイレだけでなく、階段下の倉庫の壁も撤去して、オープンな教材スペースを設置。ワゴンと収納棚に色紙や画材が収納されています。

改修前：長い廊下の両側にトイレと教室が並んでいました。

周辺環境もより開放的に

階段下のデッドスペースには、廃材を入れておける大容量の引き出しも作りました。

メンテナンスヤードは清潔さのかなめ

6

トイレの一番奥には清掃用具置き場を確保しました。トイレ掃除用具のみでなく、教室で使う掃除機なども置けるようにしました。

11

3～5歳児

選択できるトイレ

浦和ひなどり保育園（埼玉県さいたま市）：3～5歳クラス＝定員3歳児26人・4歳児27人・5歳児27人：竣工2013年

正面が手洗い場、オレンジの壁の向こう側が小便器コーナー、右側が大便器ブース。

一体的な空間の中で子どもが主体的に動ける

浦和ひなどり保育園では3～5歳クラスは定員が80人という大きな異年齢クラスです。遊びも食事もトイレも年齢の違う子ども同士が一緒になって行います。大便器ブースは扉をつけたブースと、扉がなく、袖壁を少し出しただけのブースの2種類を作りました。年齢が高い子どもは扉がついているほうを好んで使うのかと想像していましたが、意外に年齢が高くても、急いでいるときは袖壁だけのほうを使ってみたりしているようです。大便器ブースは保育室に直接面していますが、正面に手洗い場を設けることでゆるやかに保育室とトイレ空間を区切っています。

小便器コーナーは保育室側から丸見えにならないように壁の裏側に設置していますが、扉などは特に設けていません。小便器は南側の掃き出し窓の前に設置されているので、日当たりも風通しもよい空間になっています。おしっこをこぼしたら自分で保育者に報告するようにしています。

食事が終わった子どもからトイレへ入ったり、歯を磨いたり、次の遊びに取り掛かったりと、それぞれの子どもが主体的に動いています。

扉のあるトイレ、ないトイレを選べる

扉がなく袖壁だけのブースと扉が付いたブースがあります。扉がないブースも保育室側からは中が見えないようになっています。3 歳児は扉がないほうに入って、順番を待っている子どもとおしゃべりしながら用を足す姿もよく見かけます。開いているほうが安心する子ども、閉まっているほうが安心する子ども、それぞれで選択して使っています

2

以前のタオル掛け。

使い方に合わせて作り変えも

コップ置きの棚。当初はタオル掛けを設置していましたが、個人タオルは廃止してペーパータオルに変わりましたので、棚も作り変えて 2 代目です。

3

4

プライバシーや恥ずかしさにも配慮

オレンジ色の壁の裏が小便器コーナーです。保育室からは直接見えないようになっています。

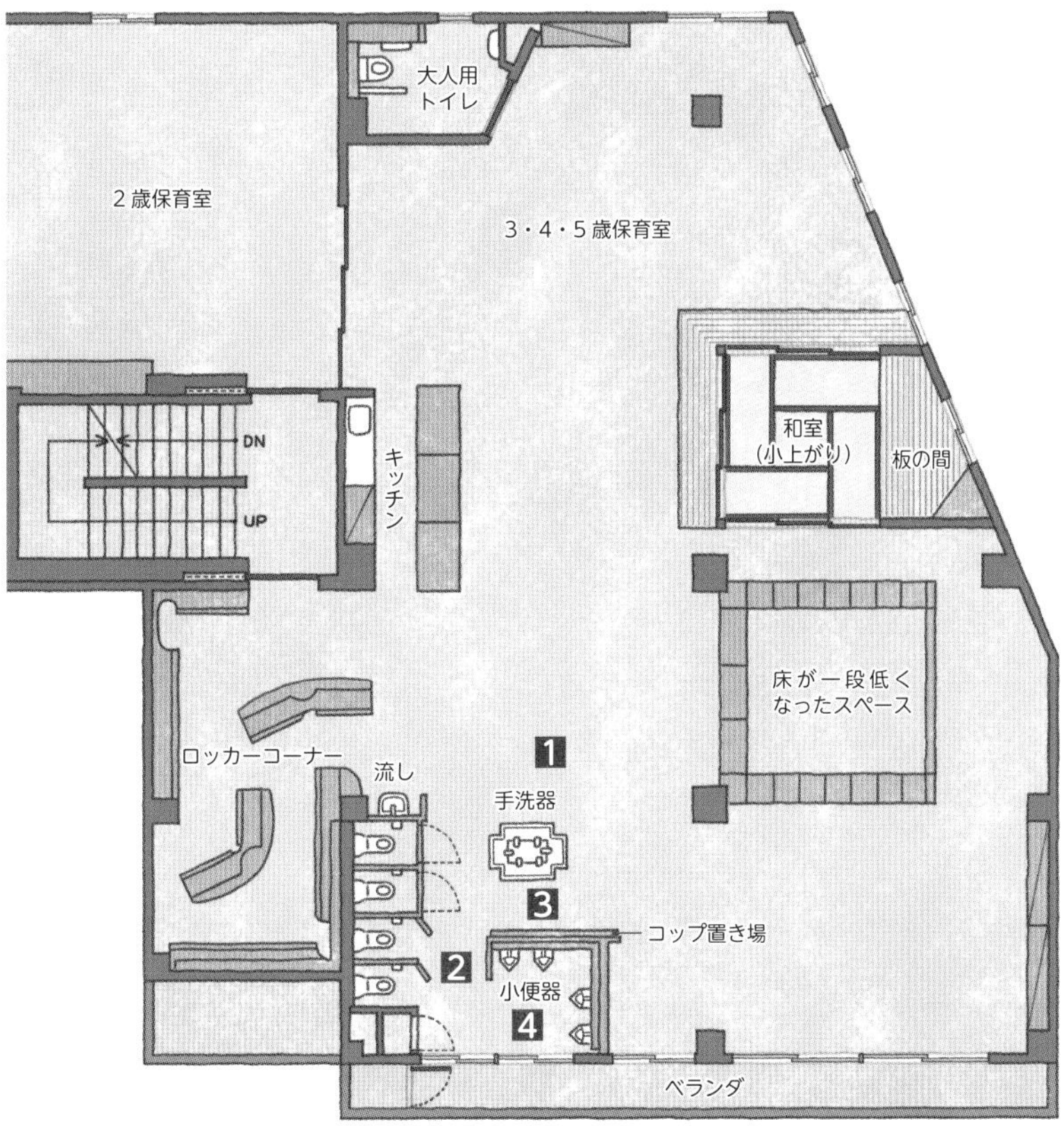

第2章

対談●保育室のトイレ改革をしよう！

対談

保育室のトイレ改革をしよう！

馬場耕一郎×村上八千世

オープントイレの誕生

―― 馬場さんが理事長を務めていた保育園のトイレ改善について伺います。大阪府門真市にあるおおわだ保育園では、ユニークなトイレに改修していますが、きっかけはどんなことだったのでしょうか？

馬場▼おおわだ保育園でトイレ改修したのは2005年です。当時は、園の建物が30年ぐらい経っていて、大規模修繕をやらないといけない時期に差し掛かっていたんですが、お金がないので「赤い羽根共同募金」の助成金を申請して、それがうまくもらえたんです。当時つながりのあった研究者のメーリングリストに「おもしろいトイレをつくりたいと思います、どなたかご紹介ください」と投げかけたら、ある方が、村上先生を紹介してくれました。その後すぐに、たまたま村上先生が大阪へ来る機会があって、さっそく園に来ていただきました。私はそれまでは、トイレ改修といったら便器入れ替えぐらいのイメージしかしていなかったんですけれども、「オープントイレ」というご提案をいただいて、何かおもしろい、わくわくするということで、今までのトイレのイメージが大きく変わったんですね。同じやるならおもしろいトイレをつくりたいという思いがありましたし、村上さんの研究も見せていただいたので、不安はなかったです。

馬場耕一郎氏

村上▼普通は、「じゃあちょっと検討します」となるじゃないですか。それが、見に行ったその日にもういきなり「やります」と言われて、こちらのほうが逆に「やるんですか？」と心配になったぐらい。その2週間後には職員の方と打ち合わせを始めたという感じです。

馬場▼そのころ、私自身、保育業界に対する疑問や漠然とした違和感があって、現状のような環境で本当に子どもたちにとって幸せな環境を提供できているのだろうかという、もやもや感を持っていました。ちょうど園長になりたてで、何か一石を投じなければと思っていたので、すぐに決断したという感じですね。なぜトイレかというと、優先順位として、一番汚いところをきれいにするのがまず先決かなという思いがありました。お店でも宿でも、トイレが快適だったら気持ちも豊かになるし、安心できるところありますよね。逆にトイレが汚いと落ち着かない。

村上▼私自身もトイレに興味を持ったのは、建物の中では「トイレ」という一部分でありながら、全体を象徴するというか、飲食店などでもトイレがきれいだと店全体の評価が上がるというような印象があったんです。だからこそ、トイレを変えたら全体が変わる

おおわだ保育園　1～2歳クラスのトイレ

ような力を持っているというところにすごく興味があって、長年、トイレと園環境のコーディネーター的な仕事もしているんです。馬場先生と通じるところがあったのかなと思いますね。

1、2歳クラスのトイレ

―― おおわだ保育園の1、2歳児のトイレは扉がないということが大きな特徴ですが、その「オープントイレ」という考え方は村上先生の発案だったのでしょうか。

村上▼幼児の排泄行動について大学院で研究していたので、保育園にお邪魔することも多かったのですが、排泄は1対1の関係でやり取りするとても重要な場面だと言われているわりに、保育園のトイレはすごく寒々しくて、そういう関係性を育むのとは真逆の環境だな、なぜなんだろうと思って。保育室と同じような環境にすればいいのにと思ったのが始まりなんですね。

あとは、多くの園で、オマルをトイレの入り口の外側に並べて使ってはるんですよ。トイレがすぐそこなのに。オマルがあれば、保育士さんが一人の子どものおむつ交換をしながら、すぐ手が届くところでほかの子の排泄も見守れるという、そういう位置関係があるんです。それなら、オマルのような感覚で使えるトイレが最初からあったらいいんじゃないのかなと思って、扉や壁をなくしたトイレにしたのが最初です。

小学校に行くと、恥ずかしくて学校では排泄を我慢する子がいるという問題があります。要因としては小学校のトイレが汚いために、排泄に対する感覚もネガティブになっていくというのがあるようなんです。ですから、特に乳幼児のトイレ環境について、もっとしっかりと考えられるべきなのに、現状では汚いものをまとめて置いておくような場所になっていたりしていて、とても排泄を肯定的に捉えるような場所にはなっていないということに強い疑問を持っていました。そこにこのおおわだ保育園さんの話が来て、保育園のトイレを空間環境ごと変えることができるんじゃないかなと、私もすごく期待とわくわく感があったんです。

保育士さんたちとのワークショップ

―― 園との間に設計者や施工会社が入ると思いますが、交渉や調整はどのように進めたのですか?

村上八千世氏

村上▼私は設計者ではないので、コーディネーター的な役割として、例えば私のほうでデザイナーや設計者を立てて、園との間に入るというやり方です。

馬場▼今となって思うのは、設計者というのは、建築のプロですけれども、子どものプロではない。設計者に「これはできませんね」と言われちゃうと、こっちは武器がないんで何も言えないんですね。でも、コーディネーターに入っていただくことによって、子どもの発達を考えた現場の思いを設計者に伝える、いわば「通訳」をしていただけたというのはすごくありがたいですね。職員も図面を検討したり、村上先生とワークショップをしたりして、何回も集まりましたね。

村上▼7回ぐらいやりましたね。私自身初めてだったので、ワークショップでは、例えば便器と便器の間隔はどのぐらいがいいのか、個数はどのぐらいあればいいか、便器とおむつ交換のスペースとの位置関係はどうか、人形を使って、オマルを並べたり、段ボールで壁をつくったりして、スペースや動線の確認を何回もやりました。

馬場▼本当に子どもに寄り添ったトイレをつくろうと思うと、やはり現場の保育士の意見を聞かないといけない。トップダウンでやるのは簡単なんですけれども、いいものはできあがらない。自分たちの環境は自分たちで考えていかないといけないと思っていたので、保育士がそのワークショップに参加するというのは当然なことです。ハード面の環境整備に携われる機会はなかなかないので、参加することによって意識改革を同時に行えたと思います。保育士は「感覚人間」の人も多いので、イメージを数値化して伝えることがなかなか難しい。ワークショップをして、どうしたら使い勝手がいいか、自分たちの持っている感覚を形にする、その形にしたものを数値化する、設計図に落とし込むというのを7回もやったんです。

村上▼そうなんですよ。私はそれが当たり前だと思っていたんです。だけど、後から考えたら、7回も保育士さんと打ち合わせの機会を持てる現場はそんなにないということを思い知りました。しかも毎回10人ぐらい集まっていただいて、結構長い時間やっていましたよね。あんなに時間をいただけたのは、当たり前ではなかったですね。

「与えられた環境」「当たり前」について考える

馬場▼初めは保育士さんたちに「トイレについて何かアイデアちょうだい」と言ったら、シーンとしてしまって、誰も何も言わない。だから質問を変えて、「嫌だと思うことを教えて」と不満を聞いたら、スリッパが邪魔だとか、裸足でけがをしたとか、ドアをずっと開けて押さえておかないといけないとか、いっぱい出てきたんです。えっ、そんな手間があったの?そんな苦労があったの?そんなことが負担になっていたの?と驚きました。日頃から保育士さんたちも、実は嫌だな、面倒くさいなと、結構思っていたんですね。

村上▼保育士さんたちは与えられた環境で保育するのが当たり前と思ってしまっているので、そこに疑問を持つとか、あえて考えてみようという場がないと、意見は出てこない。不便だけどこれが当たり前なのかなと思っていたものが、ワークショップで皆も同じように不便に感じていたと確認し合えて、改修に結び付いたのがよかったと思うんですよね。

馬場▼新しいものに対する抵抗感ってやっぱり意外とあるんですよね。それが、ワークショップを重ねて徐々に理解が深まって、抵抗も緩和されたと思います。自分たちが一緒につくり上げたトイレという意識があるから不満もなかったですしね。もし、設計者と園長だけで変更を決めて、「はい、新しいトイレができました」というと、多分「えーっ」とか、「使い勝手が悪い」とか、不安、不満が出てくると思うんです。

村上▼なぜこういうふうにトイレをつくっているのかということを、のちの見学者の方々へ保育士さんたちがみんな詳しく説明できるのがすごいなと思いました。

馬場▼最後は予算がなくなって、塗装ぐらい自分たちで塗れるんじゃないかということで、自前でやりました。そこも思い入れ、思いがこもったトイレになったと思います。

村上▼後のメンテナンスも、方法がわかっているから、再塗装や保守も自分たちでやっていますものね。先日、撮影のために園に行きましたが、全然古くなった感じがなくて、きれいなまま使ってくださっていました。

馬場▼保育士自身が関わるというのが大事だなと思っていますし、その後の掃除やメンテナンスを含めて、自分たちがやるという方針というか、文化ができ上がったかなと思います。職員のほうは代替わりしても、そういう文化はちゃんと受け継がれているんです。

おおわだ保育園では、最初のトイレ改修のときに、本当に子どもの目線に立って、子どものことを考えて環境整備していくという、そのポリシーが確立されたと思います。子どもの目線というのは、子どもたちの日頃の行動をしっかりと観察・記録して、分析して、それを環境構成にフィードバックするという姿勢ですかね。

当初は、全然そういう効果などもわからずにやっていたのですが、18年を振り返ってみると、この姿勢や伝統があることは、このトイレが始まりだったかなと思います。

村上▼ワークショップ楽しかったですよね。トイレや排泄ケアでは保育士さんたちはとても苦労していると思うので、「そうやねん！そうやねん！」みたいな感じで、すごく盛り上がるんですよ。みんなで話し合って何かを新しく変化させていく、つくり上げていく作業って、すごく楽しいことなんだなというふうに思います。日頃の思いをはき出せて、ほかの先生と共有できて、盛り上がって。そしたら人間関係もよくなっていくんですよね。

馬場▼キーワードは「共感」ですよ。やっぱり人間関係を構築するのは、共感する場面があるかどうかかなと、最近特に思うようになりました。コーディネーターである村上さんに入っていただいたことによって、園長も一参加者として参加することができたこともよかったです。園長が仕切るとみんな遠慮してしまうので。

エビデンスを集めて、なければつくる

――トイレの改修前と、改修後では、子どもたちには何か変化はありましたか？

馬場▼改修前に調べてみたら、トイレの使用時間は、クラスの子どもが一巡して１回20分から30分ぐらいかかるという、それが１日４回、５回あると、トイレってこんなに時間を使っていたのか！というのが、あのとき衝撃でした。一人ひとりのトイレはそんなに長くなくても、クラス単位の排泄行動と考えたときに、毎日数時間を費やしているということに初めて気づいたのです。

あと意外と汚い。当初は、汚れる原因がわかっていなかったですが、男の子のおしっこをする便器が床に設置する縦長の古いタイプだったので、子どもたちが体を揺すってしまうとおしっこが周りに飛び散るのが原因だったのです。じゃあ、おちんちんのちょっと下で受けるようなトイレが必要だと思って、私は２歳児男子の床からおちんちんの高さを全員測ったんです。その高さに合う便器を探しましたが、適合しているやつがなかったんですね。

村上▼そう、ちょうどメーカーさんの新しい器具が翌年に出たんですよね。だから、そのときはちょうどいいのがなくて、大人用の壁掛けタイプの小型のものを、無理を言って施工業者に低く設置してもらって、「こんな ん普通できひん」とか言われながら、そこを何とかやりました。

馬場▼そうしたら全然、汚れ方が違いましたね！後日、メーカーの方がうちの園のトイレを測りに来ましたものね。４～５人来て、「こんなトイレ、あったんですか」とパッと見たら、便器に他社の名前があって、彼らもうわーっと言って採寸してましたから、おそらくそれが子ども用便器の新商品にも活かされたんじゃないかと思います。新商品でキッズデザイン賞を取っていましたものね。だからね、ないから諦めるんじゃなくて、なければ工夫する、なければつくる、加工するというところも、トイレ改修の過程で経験して、それが今のおおわだ保育園にもつながっているんです。普通は、皆さん業者さんが持ってきたカタログ見て「なければじゃあ仕方がないね」と妥協するんですけれども、あのとき妥協しなかったというのがありがたかったですし、以降、なければつくってしまえというマインドになりました。

環境が合っていると子どもは主体的に動ける

馬場▼環境に子どもを合わせるのではなく、子どもに環境を合わせるのが大事だと思うんです。発育、発達に環境が合っている

と、無理なく、負担なく、ストレスなくいろいろなことができますし、保育者側も余計な指導とか、禁止とか、無理強いするとかがないから、無理なく子どもが自立していく。主体性を育むにはやはり環境を子どもに合わせていってあげるということが必要です。

今でも覚えているんですが、トイレをリニューアルしたとき、子どもたちがすぐに違和感なく使い始めたんです。普通、トイレが全く変わってしまったら、戸惑いとか、驚きとかあるだろうと思うのに、それがなかったです。「何じゃこりゃ」というぐらいの反応で、吸い付けられるように寄って行って。本当にびっくり。子どもに寄り添って環境を考えると、誰が教えなくても、初めてのものでも使えるんだなということがわかりました。そして、クラスの排泄タイムがすごく短くなって、半減したんです。

村上▼よく見ていると、子どもって結構長いことトイレに座っているんですよ。でも、環境を整えてあげたら、保育者はそれにずっと付いていなくていい。離れたところから視線を送るだけで子どもは自分で行って帰ってきます。だから、保育士さんが手間をかける時間はおそらく半減していると思うんです。

1歳前後ぐらいだと、おそらく自分の排泄がどういうメカニズムになっているのかよくわからなくて、まだ新鮮な気持ちで排尿の感覚をじーっと座って味わっているような子もいて、そういう時間ってすごく長いんですよね。でも、その時間はとても重要だなと思います。改修後のトイレで子どもが排泄している姿を見ていると、体の中で膀胱から尿が下りてきて排出される感覚を感じているような様子がわかるんです。これは、最初からわかっていたことではないんですけれども、そういう時間を保障してあげるということが、排泄の自立を早くするのかなと思います。子どもがやりたいようにできる環境があれば、子どもの発達を促進するんだな、ということですね。

馬場▼そうですね。待たないと駄目ですし、「待ってあげるよ」ではなくて、ちゃんと見ているよ、でもがっちり見ていないよという、その見て見ぬふりの間合いというのが大事。子どものペースを急かさない。オープンなトイレというのは緩やかな距離感が保たれていて、ちゃんと安全性を担保できている、でもがっちり見張ってはいないですね。人間は、自分で何かやろうとするときに、あまり監視されずに、緩やかな中で、包み込まれるような中でできることが、自然なんだろうと思います。案外、家庭でトイレトレーニングが失敗するのは、がっちり親が監視して個室に入れて扉を閉めて「頑張って、はいシー、シー」とやるので、子どもが焦ってしまって自分のペースが乱されちゃうからかもしれません。

あと、トイレの改修前後を比較すると、保育園でうんちする子が増えたんです。家より快適で、家より安心できるトイレだからだと思うんですが、改修前と比べると、保護者への連絡帳の報告で「うんちしました」というのが多くなりました。それと、おむつが取れるのが早くなりました。うちの園は布おむつを使っているので、そういった相乗効果もあるんですけれども、大人が「トイレに行きなさい」と言うのではなくて、子どもが自分で行こうかなと思う、行っても怖いところじゃないし、違和感ないというところで、トイレへ行くときの敷居がすごく低くなったと思います。

村上▼改修前は、保育者が子どもを複数人まとめてトイレに連れて行って、1人ずつ順番に排泄させて、その間ほかの子は待たせておくから、子どもは待たされる時間が長かったんですね。

馬場▼保育者は、それをおかしいとも不満とも感じていなかったです。それが当たり前だと思っていたので。だから、改修後は驚くほどトイレでの世話の時間も短くなりましたし、ストレスも減りました。おかげで、保育にゆとりが出てきた感じですね。

においの問題

――オープントイレにすることで、においや感染症の心配はないのですか？

村上▼おおわだ保育園の職員の方と話し合っているときにも、保育室とトイレの仕切り方を、従来のようにしっかりとした壁で仕切らないことについて、においの問題をすごく気にされていました。

馬場▼でも、実はトイレのにおいは塩素系の消毒剤やこぼれた尿を放置しておくから起こることなど、その原因を全部村上さんのほうから解説していただきました。

村上▼おおわだ保育園さんの場合は器具がもう古かったのですが、昔の便器は構造上、いくら掃除をしても排水管からにおいが上がってきてしまう構造だったので、新しい便器に変えると、もうそのにおいは全くなくなりますよ、だから空間がつながっていても、今みたいにトイレがくさいということはないですと説明しました。それでも、保育士さんたちはなかなかにわかには信じがたいという反応でした。

馬場▼いわゆるトイレ臭としてイメージするものが、実は、その時の排泄のにおいではなくて、設備の問題や薬剤からくるにおいだったということを認識して、保育士たちの理解も進みました。18年たった今でも、トイレのにおいはしていません。

村上▼していないですね。すごいですね。

馬場▼以前は夕方まとめて掃除していたんですけれども、オープントイレにしてから、汚れたらすぐ拭いて終わります。

村上▼本当に保育室の床と同じ感覚ですよね。

馬場▼掃除の頻度は増えているんですけれども、手間は下がっている。だから、これもトイレ掃除のあり方を考え直すきっかけになって負担が軽減されていますね。うんちのにおいも換気扇を回していると、全然問題ないですね。いつもトイレ周辺はきれいなので、感染症が広がったということも一度もないです。

どこにお金をかけるか

馬場▼トイレを改修してみて、トイレに対するイメージの変化がありました。これはやっぱり生きていくために必要なもの、大事なものだというイメージに変わりました。例えば、保育園でどこにお金をかけますかというときに、遊具や滑り台をつくります、絵本を買います、など、目立つところにお金をかけたら、保護者も喜ぶと思われるんですけれども、究極、滑り台がなくても死なないんですよ。ところが、生きていくうえで排泄がうまくできないと命にかかわります。だから生きていくうえでトイレは大事だし、使う回数も多い。そこにしっかりとお金をかけなければと思うようになりました。

村上▼多分、今はだんだん変わってきていると思いますけれども、当時は保育園などは全体の計画を立てるときに、トイレを真っ先に考えるところはあまりなかったと思うんです。だけど、保育の現場を見ていると、排泄の世話に追われる時間や、手間の大きさというのは半端ないんですね。特に0・1・2歳は。なので、やっぱりトイレが使いやすくなると保育士さんの動きも断然変わるし、保育士さんの動きが変わるということは子どもも変わっていくので、排泄タイムを大切に考えるかどうかは、環境や保育そのものを左右する大きな問題かなと思いますね。

だから、「保育室を最初に考えて余ったところにトイレを持っていく」というのではなくて、「トイレを最初に考えて、そのトイレの周りに保育室などを配置していく」という考え方のほうが、多分子どももトイレに行きやすいし、保育士さんも保育しやすい環境になるのかなと思います。これは、通常の設計者の考え方とは違っていたのかなと思います。

馬場▼生きるために必要不可欠なことにしっかり向き合わないといけないという、これもここで私の考えが確立された部分ですね。

村上▼一般的に、みなさんトイレって汚い場所だと思っていますよね。だから「扉を付けて」「においが漏れないように」と隔離してきたわけです。だからまず、最初に「トイレは汚いところじゃないよ」ということを何度も話し合って共通認識をつくることを大切にしました。もちろん、そのために清潔に保つ工夫はしなければなりませんが、「トイレを保育室と同じように快適な空間にする」という共通認識ができたことは大きかったと思います。

完成した後も、保育士さんたちから「トイレが汚いと感じない」と言っていただけたので、よかったなと思うし、保育士さんがそういうふうに考えられるということが、保育活動によい影響を与えていると思うんですね。子どもが汚いところで転んだりすると、ああ汚い、危ない、となってしまうけれども、保育室で転んでもそんなに慌てないのと同じで、きれいなトイレで転んだり、しゃがんだりしてもそんなに気にならないじゃないですか。そのことが、排泄タイムをとてもおおらかにしてくれているとすごく感じます。

子どもの人権やプライバシーへの配慮

馬場▼子どもでもやはりプライバシーはしっかりと保護してあげないといけない部分ですし、子どもであっても人権に配慮しないといけない。だから、付かず離れず、必要なときにさっと手を差し伸べることができるような距離感というのはとても大事だと思います。今は何でもやってあげるというのが優しい、丁寧な保育、関わりと思われていますけれども、私はそれを疑問、否定的に思っていて、0歳の赤ちゃんであってもできることがあるので、自分でできることは自分でできるように提供する、私は愛のある意地悪が大事だと思うんですね。やってあげるのは簡単で、やってあげないほうが手間がかかるけれども、その積み重ねによって自立を促していく。

排泄支援というのは、ぎりぎりのところまで手を貸して、ぎりぎりのところで「はい、頑張ってみよう」と、さりげなく子ども自身でやるようにちょっと引くという、それが大事かなと。これをわかっていない人は、はい、やってあげましょうとフルサポートしちゃう。はい、足を上げる、パンツを上げてと全部やっちゃう。排泄だったら、日常生活の中で3回、4回、5回そういう場面があるので、子どもたちの成長というのを一番捉えやすい部分だと思うんですね。昨日はここまでできた、今日ここまでできるんじゃないかという日々の成長を感じながら、排泄の「ここまで援助する、ここは自立させる」というところの、ぎりぎりの見極めをしっかりと把握して関わるということが、一人ひとりの子どもに寄り添った保育になるんじゃないかなと思っています。

村上▼大人がすぐ手を出さずに、寛容になってちょっと引いて見ようと思ったら、大人自体がゆったりしている必要があると思っていて、さっきの話とも重なりますが、トイレが汚くて危ないと、すぐ手を出したくなっちゃうのかなと思っています。子どもって結構汚さとか、恥ずかしさとかにおおらかなんですよね。子どもは平気で便器を手でつかんだり、しがみついたりするので、大人が見たら、「うえっ」と思うんですが、つかんだところが汚くないとわかっていれば寛容になるし、床に転んでも汚くないと思えば寛容になって引いて見ていられます。子どもはパンツも履かずに走りまわるのも大好きですが、そういう恥ずかしさに対するおおらかさも子どものたくましさだと思うんですよね。それがなかったら発達できないと思うんです。だから、大人がそれを大目に見ることで子どもはさまざまなことを自由に試そうとする意欲を持つと思うので、そういう余地を大人がつくることが必要だと思います。

馬場▼トイレ環境の変化で変わったことは、やっぱりこれは保育士の余裕、ゆとりが生まれたというのが一番だと思います。保育士が余裕を持つと、子どもも余裕を持つ、保育そのものがゆったりしたと思いますね。それが一番ですかね。

　先ほど言った環境に子どもを合わせるんじゃなくて、子どもに環境を合わせたことによって、子どもたちが自分でできることが増える、そうすると大人がほめる場面も増える、そうすると子どもも自己肯定感が上がってきて、もう1回、また明日も、次も頑張ろうという気持ちになって、好循環が生まれるかなという、そこだと思いますね。

村上▼馬場さんが便器を変えようと思っているんですと言われたときに、私は「便器を変えても、ただ器具を新しくするだけでは保育は何も変わりませんよ」とお伝えしたんです。環境を変えると人の行動は変わると思っていたので、保育そのものが変わる環境改善を目指しませんかということを提案させていただいたつもりだったんです。だから、保育士さんから、「環境が変わったらこんなに保育が変わるんですね」って言われたのがすごくうれしかったですね。

馬場▼環境をどう変えたら、どう人の行動が変わるかというのはなかなか予測できないところだと思うんですけれども。うまくいったということですね。

排泄と主体性の育ち

馬場▼排泄は子どもの主体性が表れやすいところだと思うんですよね。遊び場面よりも早く表れるのではないかと思います。生きるために必要不可欠なところから、そういう力が人間の発達の中で身に付いていくのかなと。その力が付くと、周りの遊びや友達関係に広がっていくのかな。生きていく成長過程で絶対なくてはならないものから、無理なく、負担なく、違和感なく、主体性は育まれていくのかなと思うようになりました。

村上▼そうですね。0歳児の排泄の研究で、早めにオマルを使うという試みをしたんですが、生後6か月でも、オマルできれいなうんちをするようになるんですよ。それは本当に衝撃的ですよ。本当に子どもの主体性を感じます。今、馬場さんがおっしゃったんですが、生きるというか、自分でうんち、おしっこをするというのは自分の意思ですることじゃないですか。「生後6か月だと、まだ排泄機能が整っていない」と言われますが、出る感覚はわかっているようなのです。最初は反射によって排出されるのですが、大人がその感覚に共感することによって、考えられているよりもっと早くコントロールできるようになる可能性があるようです。それは子どもの自己肯定感を育むと思います。

おおわだ保育園　0歳クラスのトイレ

馬場▼月齢が低くても、実はすごい力が身に付いていくんですけれども、そこに意外と大人が向き合っていないかなと思います。大人が「できない」と思っているのは、実は環境が整っていないだけで、環境が子どもに合っていないからできてないだけなんです。そこに向き合うことによって、子どもの主体性の発揮というところを尊重できるんじゃないかなと思っています。

0歳クラスのトイレ

馬場▼おおわだ保育園の0歳クラスもトイレ改修をしました。0歳児はまだトイレを使わない月齢もいたのですが、生活する中でトイレが目に入るということや、月齢の高い子が使うのを見ることができるというところが大事かなと考えて、つくったんですよね。

村上▼おおわだ保育園さんの0歳クラスはログハウスなんですが、トイレがちょっと離れたところにあって、遠かったのです（第1章007ページ上図参照）。「そもそも0歳児はそんなにトイレは使わない」と最初は職員の方も思っていたからだと思うんですけれども。それを1～2歳児と同じで、環境を早く用意してあげると排泄も早くできるんじゃないかということで、保育室の中にトイレをつくったんです。トイレが子どもの視界に入りやすくなったことで、子どもは「見る」だけでトイレや排泄に関心を持ちやすくなったと思います。月齢の近い子どもはすぐに真似をしようと意欲を示しています。

馬場▼普段から触れる、普段から目にする、普段からそこで遊ぶという環境にあれば、特に0歳児から慣れていれば抵抗感がなくなるかなと。いつもいる空間に溶け込ませるというのが大事かなと思いますね。怖くないよというふうに。普段はトイレに木製の蓋をしています。子どもたちはそこに乗って遊んだりしています。衛生面が心配でしたけれども、床面に抗菌コートを塗って、もちろん清潔を

保っているので、トイレが原因の感染症も起こっていません。メンテナンスさえしっかりすれば大丈夫だと思います。感覚としてはオマルと同じです。

村上▼そうですね、本当にオマルと同じ感覚でトイレを使えますね。オマルより処理や洗う手間が省けるので、かえって楽だと思います。

馬場▼あとね、動線を短くしたというのはあると思います。これは1~2歳のトイレでも同様ですけれども、ユーティリティ部分へのアクセスをしやすくするとか、ぱっと見えるようにする。扉を開ける・閉めるという5秒、10秒の動作なんですけれども、1日に20回とか結構な回数あって、月トータルすると、30分以上になるんじゃないでしょうか。必要な時は扉を開けて使いやすくし、不要な時は扉を閉めて落ちついた環境にするという、そういうちょっとした工夫によって、保育士の負担も実は軽減する。まとまった30分の時間をつくることは難しいですけれども、5秒削減することは可能だと思うので、そういったトイレにしました。

3~5歳のトイレ環境づくり

馬場▼おおわだ保育園の3~5歳児のトイレ、これは0歳児や1、2歳児と大きく違って、プライバシーをある程度確保しないといけないのですが、かといって、発達の中でまだまだ援助が必要な部分もあるため、あまりクローズドにするのもよろしくないということで、子どもの目線からはちゃんとプライバシーが確保されていて、でも保育士さんの目からはちゃんと見えるというようなトイレにしました。

ロフトの設置と併せた大規模修繕でした。改修前は、3歳、4歳、5歳クラスごとのトイレだったんですけれども、3歳児がトイレを使う時間が集中して混んでいる時も4歳、5歳クラスのトイレは空いている、でも壁があるので行けない。そういったミスマッチがあったので、クラスの間の壁を取っ払ったんですね。

改修後は、3・4・5歳児のトイレを共有することによって、それぞれのクラスが一斉に

おおわだ保育園　3～5歳児クラスのトイレ

使ったときも、ミスマッチが起きなくなって、無駄な時間が大幅に短縮できたのです。そして、先ほどの主体性の話に関連しますが、トイレを選べるように展開させたので、自分のお気に入りのトイレ、空いている場所など、自分で考えて、自分で情報収集して、自分で判断して使うというのが日常的に行われるようになったんですね。あと、予備のトイレットペーパーも自分で取って補充できるように工夫しましたので、そういうところでも子どもが自立できていることを感じます。

コーナー、照明などの工夫

村上▼元々別の部屋だった3歳、4歳、5歳クラスの壁を取ってしまって、保育室はゆるやかに収納家具などで仕切られているんですけれども、トイレや手洗いなどの空間は共有して使うことにしました。共有空間にトイレブースを点在させているのが大きな特徴です。そうするとトイレブースとトイレブースの間にできた空間に、絵本コーナーとか、ままごとコーナーなどの設定がしやすいんです。だだっ広い空間だと、コーナーってつくりにくいんですけれども、デコボコした空間だとつくりやすいのです。トイレの前や、すぐ横にままごとコーナーがあったり、絵本コーナーがあったり、テーブルがあったりというように、空間の使い方を提案してみました（第1章035～036ページ参照）。活動と活動の節目などのニュートラルな時間や自由時間に、いろいろな年齢の子どもたちが混ざり合って、思い思いに過ごす場所があってもおもしろいのかなと思いました。

馬場▼あと、トイレを挟んで保育室と反対側にまとまったスペースもできました。トイレって狭いイメージがあるんですが、出たところに開放的な共有スペースがあって、その開かれた感じもすごく大事。活動のすぐ近くにトイレがあるので子どもたちも我慢せずにトイレに行ってます。

あと、照明は、全体的に電球色にしてオレンジ色の暖かい雰囲気にしました。保育園の保育室って蛍光色が多いんですけれども、やはり照明の色とか明暗も大事だなと思います。3～5歳トイレの個室スペースは、あえてちょっと薄暗くしているんです。保育室が明るすぎるから、子どもたちがほっとできる、落ち着く照度を考えて、保育室と差をつけました。光や色の刺激という点でも、子どもの気持ちや行動と環境との関連があると思います。そのノウハウは、世田谷の園（おおわだ保育園世田谷豪徳寺）でもある程度生かされています。

村上▼門真の園の3～5歳のトイレは、ブースごとに照明のスイッチが付いているんです。だから点けずに入って、扉を少し開けたままにする子もいるし、薄暗い中でじーっとしている子もいる。明るくないといやという子は照明を点けるし、そのときの気分が子どもにもあるのかなと思います。

大事なことは「食べる、排泄する、寝ること」

馬場▼生きるために必要なことというのは、私は「食べる、排泄する、寝ること」だと思っているので、「生活」を大事にしていくことが不可欠だと思います。保育施設や保育者は、そこをもう一度見つめ直さなければならないと思っています。

英語教育をやっています、スイミングをやっています、体操教室をやっていますというのは、実は生活じゃない。生活を積み重ねることによって、生きるということを続けることによって、その子どもの生きていくために必要な生きる力というのが培われるのかなと思います。

人間の歴史を振り返って、余計なことをやってからおかしくなっているのかなと思っています。本来、生きていくために必要な機能というのは、何もしなくてもヒトに備わっているもので、それを余計なバイアスをかけたり、余計な環境でそれを妨害したりしてしまうから、子どもの発育がうまくいかないのかなと、特に最近は思うようになっています。

保育内容でも、よく粘土遊びをしますが、あれは本来、食べるためのおにぎりやお団子づくりなんです。それが、一斉保育でたくさんの子どもたちを預からないといけないときに、おにぎりやお団子では供給が難しいから、粘土で代用しているだけ。今や代用の粘土が本流になってしまっている。私は本来の意味にもう一度立ち返って、食というところにしっかりと向き合うのが大事だと思っていて、うちの園では0歳児からクッキングをして、例えば、サツマイモとか、おにぎりとか、お団子とか、食べてもいいもので諸感覚を養っていきたいと考えています。粘土遊びだと、見る、触るぐらいの感覚しか刺激しないけれど、食べることを絡めることによって、五感が同時刺激される活動になる。見て、つかんで、食べる、咀嚼音を聞いて、においを嗅いで、五感を同時刺激する活動を大切にしていくことが、子どものよりよい発達というところにつながるのかなと思います。食べると当然、排泄がセットで出てきますので、この両方をきっちりと受けとめる。それだけで保育環境はいいかなと、最近真剣に思うようになったんです。

村上▼なるほど。遊びの場面でおはじきみたいな小さいものをつまめるようになると、食事の時も上手にお豆をつまめるようになりますよということを養成課程で教えていますが、逆ですよね。食べものをつまめるのが先で、その後でおはじきでも遊べるようになる、ですよね、本当はね。

馬場▼そうなんです。だから、乳児の手づかみ食べも本当に大事。でも、勘違いしている保育者が、あーんとスプーンできれいに食べさせてあげる、イコール優しい、質の高い、いい保育をしていると思っていて。保護者のウケはいいんですよ。でも、おおわだ保育園は自分でつかんで食べるから、もう髪の毛どろどろ、服もどろどろ、汚しまくっている。でも、それを辛抱強く続けると、もう1歳児で食べこぼしの量が全然違うんですよ。この方針にしてから3年目になるんですけれども、0歳から入った子が今2歳で、食べこぼしの量が、1歳や2歳で入園してきた子どもたちと全然違うんですよ。

村上▼「自分で試せる」ということが大事ですよね。頭にご飯粒がたくさん付いたりしても、「ああ付いてしもた」とか思いながら、子ども自身がどうにかこうにかやるのがよいんですよね。

馬場▼生きていくために必要な機能を中心に、しっかりと手をかけて向き合うと、余計なことはしなくていいんじゃないかと思います。

第3章

子ども主体で排泄ができる環境

1 保育における排泄支援の特徴

一人当たりのおむつ交換の回数

２０２２年に２４３人の保育士を対象に実施したアンケート調査（村上、２０２３）では０歳クラスの一人当たりのおむつの交換回数は１日に「５～６回」と答えた保育士は43・６％でした（図３-１）。１～２時間おきにおむつを交換していることになり、子どもを３人担当すれば15～18回も交換していることになります。まさに一日中おむつと格闘してることになるのです。作業動線を短くするためにはトイレや水回りの配置を最優先に考えなければうまくいきません。「余ったスペースにトイレを配置する」という考えでは最善の動線は計画できないでしょう。動線を効率よく計画するためには、おむつや着替えの収納場所や収納方法も細かく検討しておく必要があります。汚れ物の処理方法や保管方法を検討することも重要です。

ところで、赤ちゃんは日に何回くらい排泄をしているのでしょうか。小児科医の中野美和子先生の著書（中野、２０１５）には、「生まれてすぐの赤ちゃんの排尿は少量ずつ１日に10～20回ぐらいみられ、生後６か月頃でも10回前後あり、１歳を過ぎると１回の量が多くなり10回以下になり、夜間眠っている間は排尿しなくなる子も増えますが、大人並みの１日５～６回の回数になるのは４歳ぐらいからです」とあります。排便については「生後３か月くらいまでは平均１日２回ぐらいとされていますが、実際には新生児期は５回以上で、１か月を過ぎると減ります。１歳頃には、１日１～２回で、３歳頃には平均して１日１回と、大人並みになります」とあります。

赤ちゃんが排泄するたびにタイミングよくおむつを替えてあげることは簡単なことではないと思いますが、濡れたおむつのままで、たとえそれを赤ちゃんが不快に感じていなくても、長時間放っておくのは問題ないのでしょうか。

図３-１を見ると、おむつの交換回数が少ない園があることもわかります。紙おむつの性能がよくなり、小便なら複数回同じおむつで排泄しても漏れることがなくなったことも関係ありそうです。また、人手の問題もあるでしょう。もし、作業動線が効率よく考えられていれば、交換回数をもう少し増やすこともできるかもしれません。おむつ交換の動線が長く、時間がかかれば、交換してあげたくても、そうしてあげられないことも考えられるでしょう。さらに、紙おむつをなるべく節約しようとする保育者の意図も影響しているかもしれません。最近は「おむつのサブスクリプションサービス」の導入も進んでいるので、今までは、できるだけ紙おむつを節約しようと考えていた人も考えが変わってくるかもしれません。

■図 3-1：0 歳クラスのおむつ交換回数（一人当たり／日）（村上，2023）

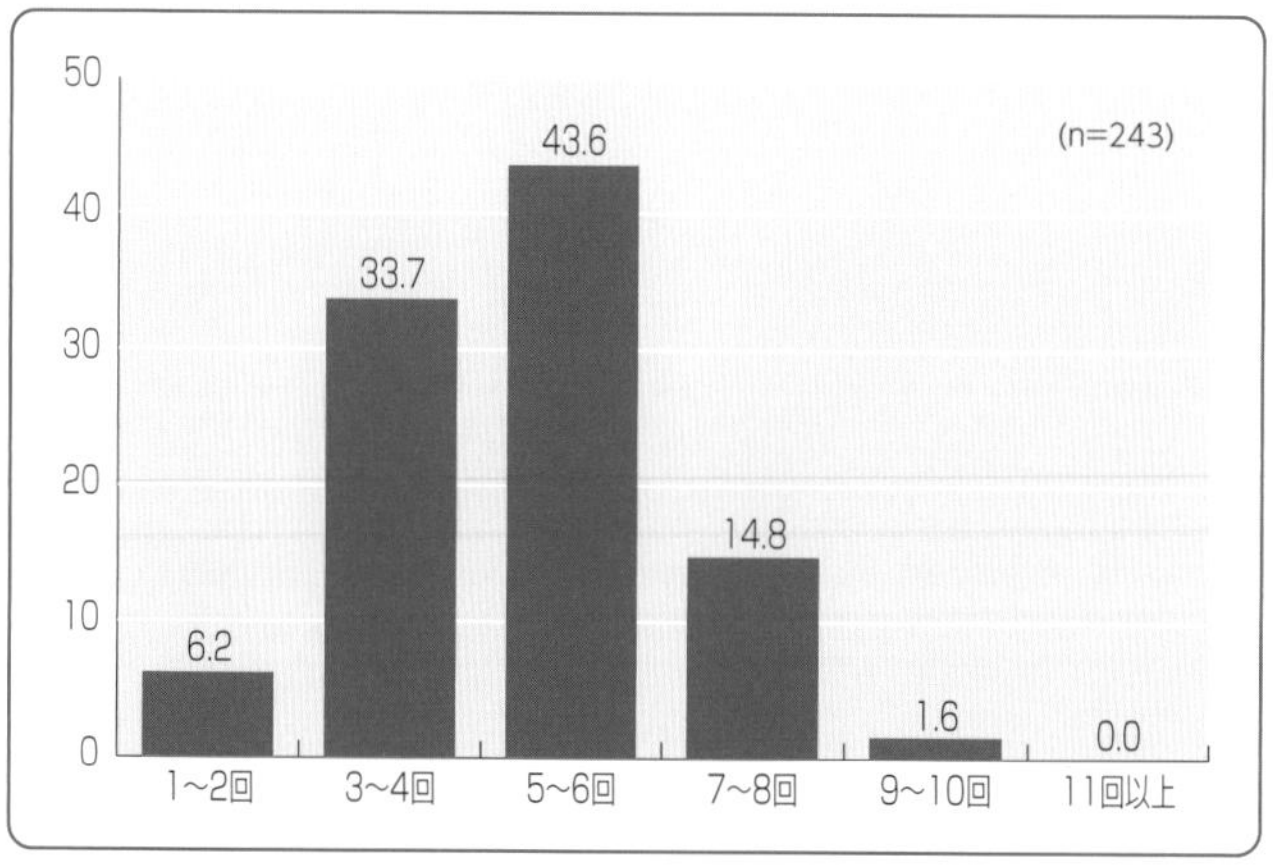

おむつ交換の所要時間

前出のアンケート調査（村上、２０２３）でおむつ交換にどのくらいの時間をかけるのかを聞いてみたところ、０歳クラスでの子ども一人、１回当たりの所要時間は１～２分が46・１％と一番多く、次に３～４分が

35・0％でした。1分未満と答えた保育者も8・6％いました（図3-2）。乳児のおむつ交換場面は子どもが保育者と一対一で向き合える大切な時間ですが、1～2分であわただしく交換している園が少なくないことがわかります。何分くらいが適正なのかは明確に述べることはできませんが、もし、一人に4分かけるとしても、子どもが10人いれば、おむつ交換の一巡に40分かかることになります。保育現場のおむつ交換タイムのすさまじさが伝わってきます。

子どもをトイレへ促すのが一番大変

別の調査（村上・寺田、2015）では1、2歳クラスのトイレ利用時に、保育者が大変に思うことを聞いたところ、一番は「タイミングを見計らって促すこと」でした（図3-3）。保育者が子どもをトイレまで連れて行かなくてはならない環境では複数の子どもを同時に連れていく必要があります。汽車ポッポ遊びを利用して、子ども同士をつなげてトイレまで連れていく様子は多くの園で見かける光景です。その結果、行きたい子もそうでない子も一緒にトイレへ行くことになり、便器の前に並ばされることになるわけです。これではなかなか促しに従ってくれないのも無理はないでしょう。子どもが一人でトイレに行ける環境になっていれば、「促す」ことに苦労することも減るのではないでしょうか。

■図3-3：1、2歳児のトイレ利用で大変に思うこと（村上・寺田，2015）

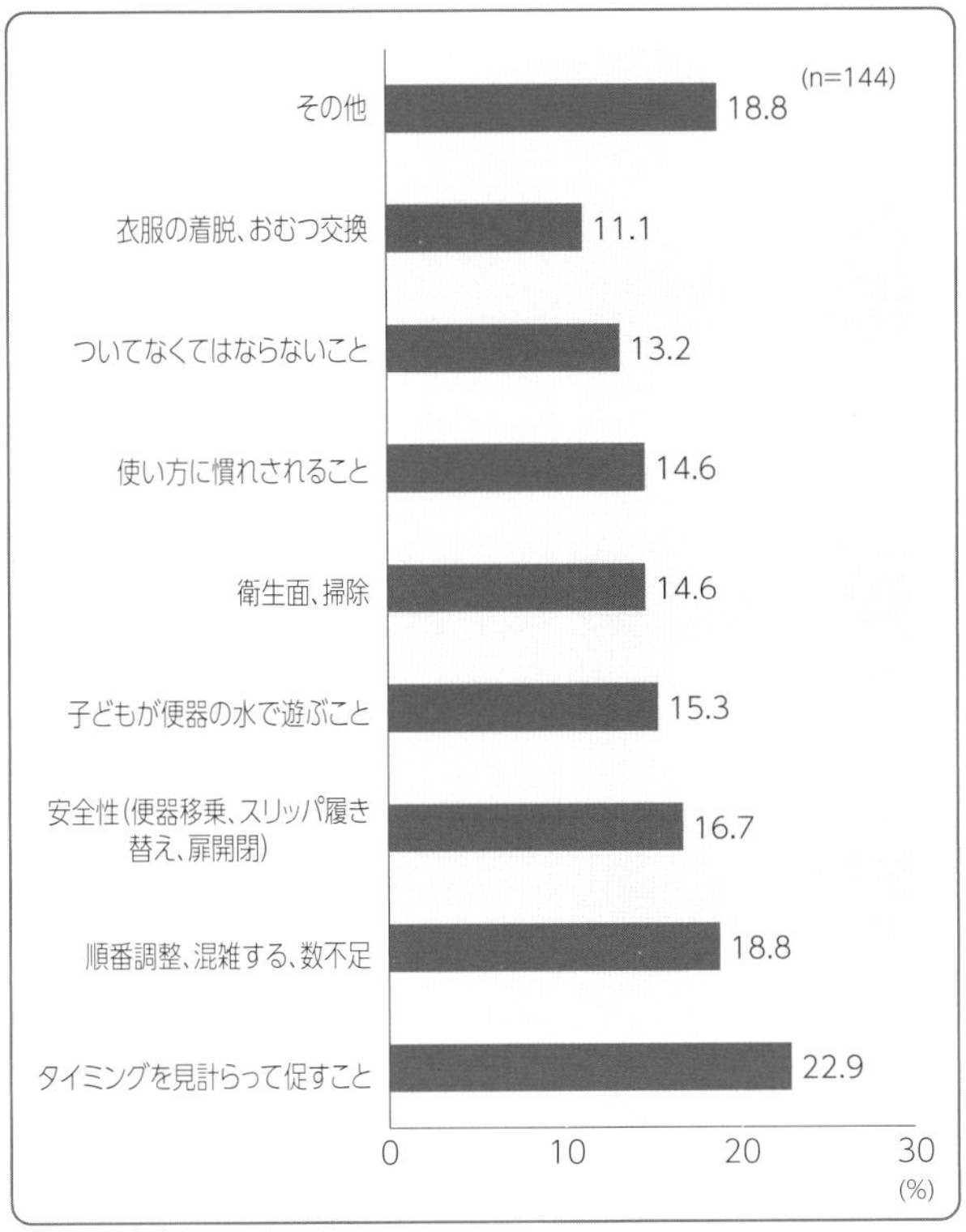

汽車ポッポのように列になってトイレに連れてゆくこともあります。

■図3-2：0歳クラスのおむつ交換の所要時間（一人・1回当たり）（村上，2023）

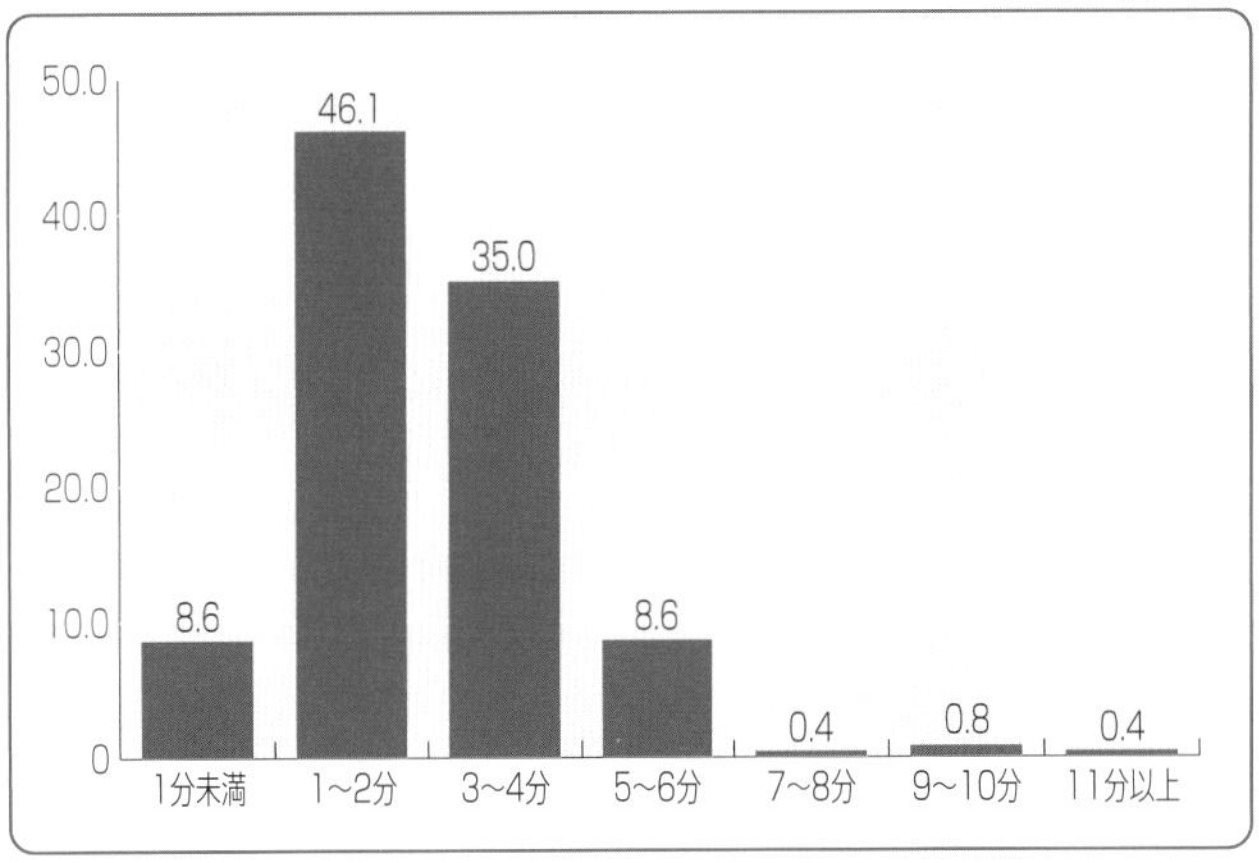

2 「近い」ことが重要

トイレは何よりも最優先の空間

保育園や幼稚園の園舎に限らず、トイレという空間はどうも優先順位が下に見られる傾向があるように思います。先に保育室や教室、遊戯室、調理室、ランチルームの位置を決めて、余ったところにトイレを当てはめてゆく……という手順が常識になっているかもしれません。しかし、その発想を変えて、まず第一に、園舎や保育室のどの位置にトイレがあったら便利か、保育室からトイレに行き来する子どもの動線・大人の動線は長すぎないかということを考えてみると、保育や生活がとても便利になることがわかります。前述の通り、0歳クラスや1歳クラスは、おむつやトイレと関わる時間が長く、頻度も多いので、少しの改善が大きく影響すると考えられます。

成長に応じたトイレとの距離

「近い」「見える」ことが重要

0・1歳クラスでは、トイレがすぐ隣にあっても、保育室の中にオマルを置いて使うほうが子どもも保育者も安心なのです。

トイレの配置で一番重要なのは、子どもの活動の場から「近い」ことです。「近い」というだけで子どもは一人で行けるようになる可能性が高まり、我慢せずに自分で用を足すタイミングを調整するようになります。

特に０歳クラスでは「すぐそば」にある必要があります。「すぐそば」にあれば自分で興味を示して近寄ることもでき、保育者も簡単に見守ることができるからです。

０歳、１歳クラスではおむつ交換と、便器やオマルに座ることは同時に行われることが多いと思います。ですので、保育者が一人の子のおむつ交換をしながら、別の子どもがオマルに座っているところに手を伸ばしたり、アイコンタクトが取れる位置関係であることが重要です。

前ページの写真は、ある保育園の１歳保育室です。隣にトイレがありますが、トイレのすぐ前にオマルを置いて使っています。このような使い方をする園は少なくないと思います。トイレが保育室に隣接していても、この時期の子どもの場合は、もっと近くで、すぐに手が届き、視線を合わせられるような位置関係を確保できることが重要なのです。

３歳未満のクラスでは、子ども自身がトイレに行っている最中に、保育者の位置や、保育室側の様子が子どもからもわかると安心して用が足せるのです。

３歳以上のクラスになると、トイレに行く時間ももったいないくらいに遊びに夢中になり、行きたくても我慢したり、タイミングを逃して間に合わなかったりということも起こります。活動場所から近ければ子ども自身もタイミングを見計らいやすいのです。

保育者との距離と「見えること」が重要

「出た！」というと、すぐに反応してくれる保育者が近くにいる。（おおわだ保育園：１～２歳クラス）

活動場所に近いので行きやすい

遊び場の近くにトイレがあれば、遊びの間に「ちょっと行ってくる」と即座にトイレに行って帰ってこられるのです。（とりかいひがし遊育園：３～５歳クラス）

3 オマルは「どこでもトイレ」

オマルを使い始める時期

トイレやオマルをいつから使いだすかは、園の方針によってそれぞれ異なります。アンケート調査（村上、2023）ではオマルを使い始める時期は1歳～1歳6か月未満、または1歳6か月～2歳未満と答えた保育士が多いことがわかりました（図3-4）。0歳クラスでひとり立ちができるようになるくらいから使い始めるケースが多いようです。

図3-4では、6～9か月未満で使い始めると答える保育士もおり、座位が可能になるとすぐにオマルを使い始めていることがわかります。1歳前の子どもには乳幼児用の水洗便器はまだ大きすぎて、またがって座るとかかとが浮いてしまいますが、オマルならサイズの小さいものも販売されています。

オマルは近くに置けるから便利

オマルの最大の利点は置き場所が自由自在であることです。保育室の中に持ち込んで使うことも、おむつ交換を行うスペースの横に置いて使うことも、可能です。乳児がオマルや便器に興味をもって、意欲的におむつの外で用を足してみようと行動するには乳児の視界の中にそれがあって、自分から近づいていける場所にあることが重要なのですが、オマルなら簡単に対応することができます。オマルはまさに「どこでもトイレ」なのです。オマルを便利に使うには、使った後の処理動線を短く計画することが重要です。

■図 3-4：オマルを使い始める月齢・年齢　（村上, 2023）

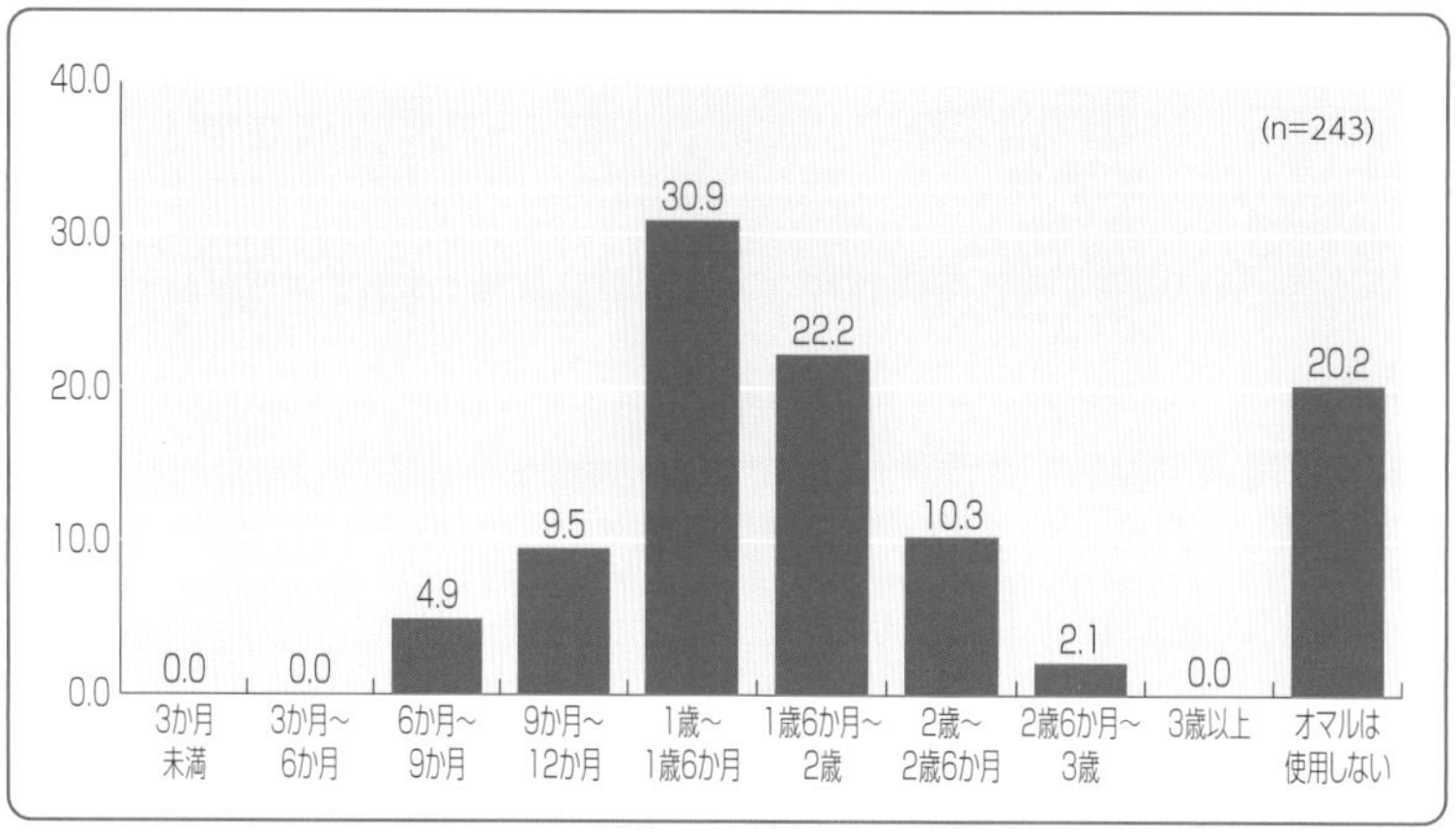

便器ではつま先はつくがかかとは浮いている

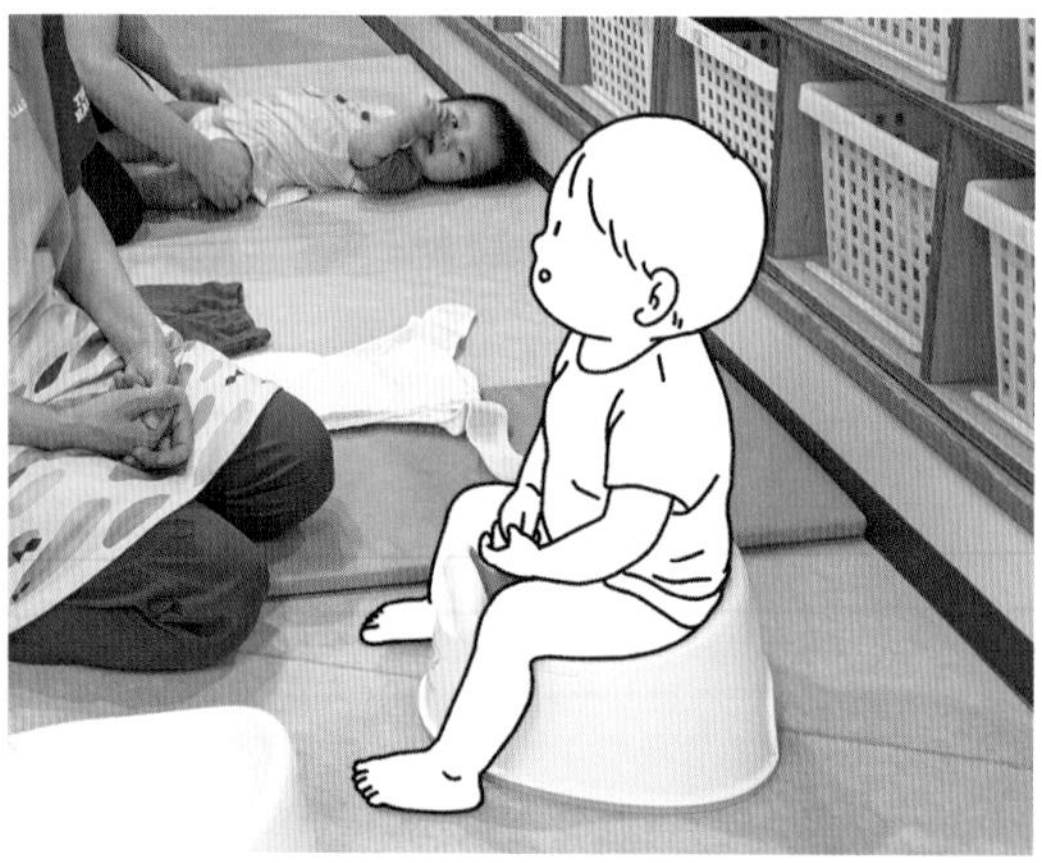

オマルでは足がしっかりついて安定している

（浦和ひなどり保育園）

園庭オープントイレ

外遊びの最中の排泄の対応をどのようにするべきか、苦労されている園は多いのではないでしょうか？「おしっこー！」と子どもがせっかく教えてくれても保育者が持ち場をすぐに離れることができなかったり、トイレまで連れて行こうとして靴を脱いでいる間に漏れてしまったり、そろそろ出そうなタイミングだとわかっていても遊びに夢中になっているところをわざわざ中断させたくないという考えもあるでしょう。年長児になれば靴を脱いで自分でトイレに行くこともできますが、３歳未満の子どもでは簡単ではなさそうです。

おおわだ保育園には年長児が使う屋外子ども用トイレはあるのですが、３歳未満の子どもが使うのは難しいので、未満児用にはテラス部分にオマルを置いて即席トイレを用意しています。これなら持ち場を離れて部屋の奥まで子どもを連れて行かなくても済み、子どものほうもすぐに遊びに戻ることができるとわかっているので素直に促しに応じてくれます。外遊びの時間が長くなっても、おむつの心配をする必要がなく、子どもたちもテラスで用が足せることがわかっていれば、「トイレに行きたい！」と言いやすくなるでしょう。子どもにとっては遊びに集中しているときはトイレに行く時間ももったいないないのですから。

築山のジャンプ台、大きな砂場、田んぼにビオトープ、保育者が毎日手をかけてメンテナンスしている園庭で子どもたちは思いっきり遊びこんでいます。テラスのトイレと行き来も簡単です。（おおわだ保育園）

即席のオープントイレ

テラスにオマルを並べて、タオル掛けのスタンドに布を掛けて目隠しの囲いを作っています。
天気のよい日はとても気持ちのよいトイレ空間となります。（おおわだ保育園）

4 真似したくなる環境
子ども同士で見合うことを大切に

0歳クラスでの排泄支援

子ども同士が互いの行動を見て互いに育ちあうということは集団保育のよさであると思いますが、排泄についても例外ではありません。友達がオマルや便器に座っているのを見て、「自分も座ってみたい」と意欲をもったり、友達が排尿や排便をする様子を見るだけで、その感覚が把握できるようになったりと、大人が教えようとしなくても子どもは自分でできるようになっていく力をもっています。

浦和ひなどり保育園の0歳クラスでは通常オマルを使った排泄支援は行っていませんでしたが、ある夏から冬にかけて、ためしに数人の子どもを対象にオマルを使ってみることにしました。下の枠内がその時のエピソードです。

このようにアッちゃんはオマルですぐに用が足せるようにな

あるエピソードの紹介

チーちゃん（9か月）とアッちゃん（9か月）

前日に初めてチーちゃんがオマルでおしっこが出たときに、保育者が「出たね～！すごいね～！」ととっても喜んでくれて、いっぱいほめてくれたので、チーちゃんも誇らしい気持ちでにこにこ笑っていました。

今日もチーちゃんはオマルに座りましたが、見物客が集まってきてちょっと緊張気味でした。

オマルを使ったことがない月齢が同じくらいのアッちゃんは興味津々に寄ってきて、じっと見守っていました。

チーちゃんが座っているオマルの中では一体何が起こっているのだろうかとわずかな隙間から一生懸命のぞこうとするので、保育者は「チーちゃんは、オマルで今おしっこをしてるんだよ」とアッちゃんに説明しました。

「アッちゃんもしてみたい？」と保育者が別のオマルをもってきて、チーちゃんのオマルの横に並べると、アッちゃんはうれしそうにオマルに座り、なんと初めてオマルに座ったにもかかわらず、すぐにおしっこができたのでした。

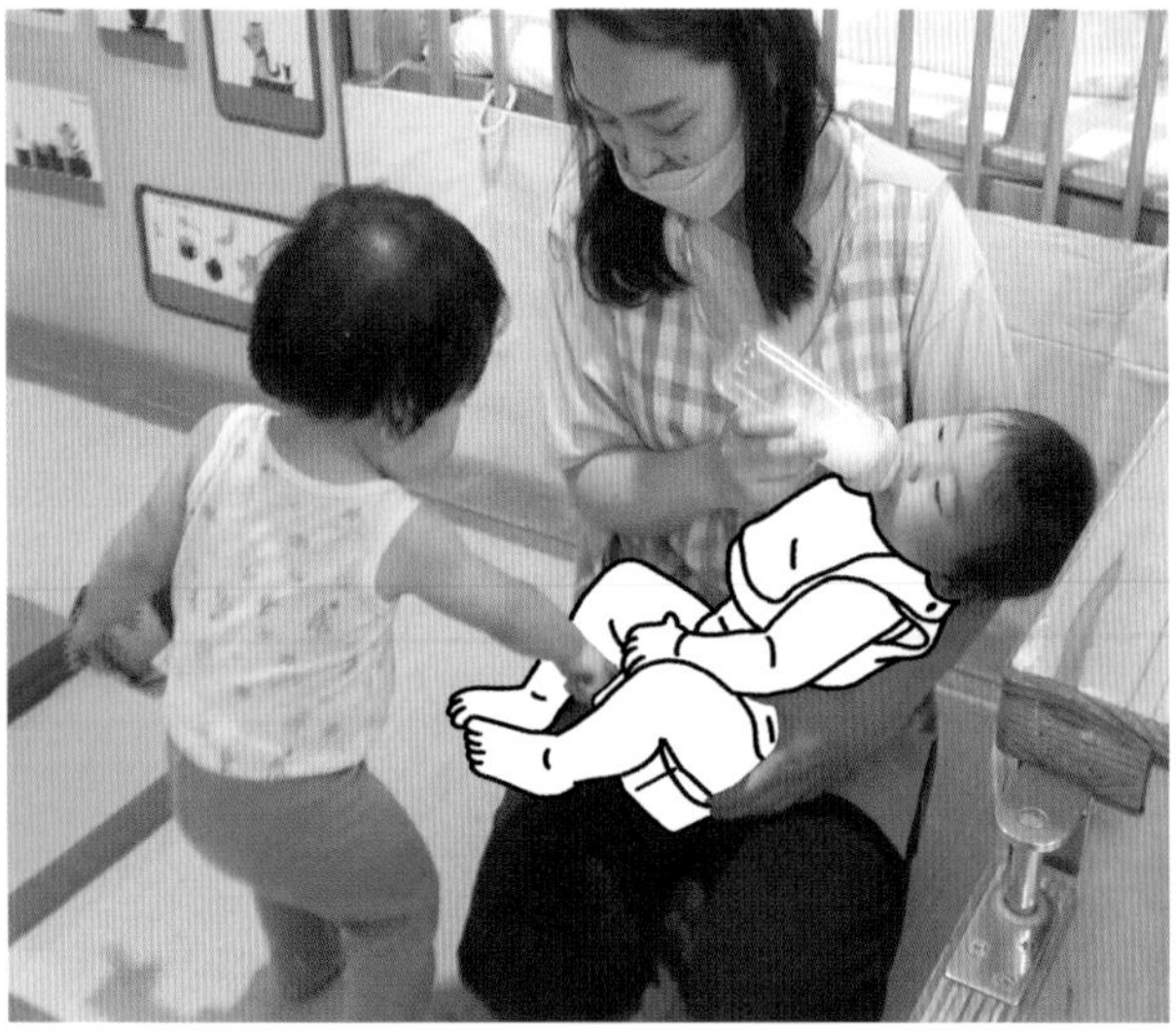

友達の様子に興味をもつ

オマル代わりに小さな容器をお尻に当ててもらいながらミルクを飲ませてもらうフゥちゃんの様子に興味をもって他の子どもが近寄ってきました。おしっこが出ることがちゃんとわかって、指をさします。
（浦和ひなどり保育園）

るのですが、当然のことながら保育者はアッちゃんに「お腹のどこに力を入れて、こうやってやるんだよ」…なんてことは教えません。それでも自然にできるようになります。排泄についてだけではなく、おっぱいの吸い方、食べ物の飲み込み方、ハイハイの仕方、立ち上がり方も、大人が手取り足取り教えることはしませんが、子どもはできるようになります。そして所詮、大人はそんなことを子どもに教えることはできないのです。

　前述のエピソードのアッちゃんはなぜオマルに座ることを真似たのでしょうか、チーちゃんがオマルでおしっこができた時に保育者からたくさんほめられたからではないでしょうか。アッちゃんは自分もそんなふうにほめられたいと思ったのかもしれません。

　また、単にオマルに座るという行動を真似るだけなら視覚情報と「座る」という身体機能が揃っていればできるのですが、座った後に下腹のどこの筋肉をどのようにすれば排尿できるのかということをどうやって把握しているのでしょうか。座ったと同時に偶然反射によって出るのかもしれません。しかし、その偶然が自分の意志で排泄するきっかけをつくっているのではないかと思います。

　また、左の一連の写真は、オマルを使っている他児の様子を見て、自分自身も尿意を催している子どもの様子です。「見る」ということは、見る人の体内感覚にも何か影響を与えているようです。

　この時期の子どもはオマルで排泄ができたからといって、すぐにおむつが取れるわけではありません。だからあまり早くオマルを使うことは意味がないと考える人もいるかもしれません。しかし、この時期からおむつにではなく、オマルに排泄できるということが意味のある行為だと子ども自身が認識することや、排泄を意識的に行う感覚を身につけることは、その後の排泄の発達の助けになることは間違いないでしょう。子どもの好奇心に応える環境があれば、多様な認知的発達が促されます。

他児の排泄を見て自分もしたくなる

オマルに座る子どもに興味をもって子どもがたくさん集まってきます。左端の子どもは様子を見ているうちに自分自身も尿意を催してきたようです。

自分の股を服の上から見たり、触ったりしています。（浦和ひなどり保育園）

5 子どものトイレは長い

自分の排泄に向き合う時間

0〜1歳クラスの子どもたちが自分のペースでトイレに行って帰ってくるまでを観察していると、とても長く便器に座っていることがわかります。もちろん、子どもによっても、時と場合によってもその長さは異なります。子どもだから用を足すのが早くて、時間も短いのではないかと思ってしまいがちですが、観察していると意外に長く、神妙な面持ちでまるで子どもが自分の身体と対話しているかのように思えることもよくあります。

「おしっこに行きたい！」と感じて、すぐにトイレに行って便器に座って、すぐに出るということもあれば、便器に座ったけれどすぐには出ない時もあります。おしっこが出たり、うんちが出たりする自分自身の身体の不思議さや、排尿や排便時の身体の内部感覚を感じてじっと座っているのではないでしょうか。

排尿の時も排便の時も膀胱や直腸の筋肉が動きます。排泄が未だコントロールできない子どもでも膀胱におしっこがたまった感覚や便が直腸に下りて来る感覚はあると言われています。

このような便器に座って身体と対話する時間をしっかり保障してあげることは、子どもが自立するために大切な時間であると考えます。10分以上座っていることも珍しくないのですが、ある時点で納得して、すっと立ってお部屋へ帰ってゆきます。

おしっこが出る前から、尿道口をじっと見続ける子どももいます。出る瞬間を保育者と共有しようとして「見て〜！おしっこが出てきた〜」と叫んで呼ぶこともあります。排泄がある程度コントロールできるようになっても、小便が尿道口から出てくるのは不思議なことなのでしょう。勢いよく出ているときの感覚、すっかり全部出きって膀胱がしぼんだ感覚を確かめているかのようです。「排泄の感覚」を保育者が教えることはできません。子ども自身が感じて気づく機会を保障し、保育者はそれに共感することが大切なのだと思います。

トイレへのアプローチもいろいろ

3歳未満のクラスの子どもがトイレへ行くのを見ていると、その使い方はさまざまです。月齢が低い子は保育室で全部服を脱がしてもらって裸でトイレに行く場合もあれば、月齢が高い子は大人がするように便器の前で服を下ろして用を足す場合もあります。また便器に向かって前向きに座るのか、後ろ向きに座るのか、手すりをもって用を足す場合、手すりが必要ない場合などさまざまです。これらの違いは子どもの好みというよりは運動機能の成熟度と関係があるように思います。大人に何も指図されずに自由に使い方を自分で決められる場合、子どもは自分が一番やりやすい方法で便器に座って用を足します。

やり方をいろいろ試してみる

左の３枚の写真は、子どもの便器への移乗のしかたを示しています。右側の便器を使う子どもはトイレへやってきて、便器の前でズボンとパンツを完全に脱ぎ、そのまま直進して便器にまたがりました。次に来た左側の便器を使う子どもは便器の前でくるりと体の向きを変えて便器を後ろ側にして座りました。左の子どもの方法より右の子どもの方法の方が安全で簡単です。ですから、月齢が低い子どもに右側の方法がよく見られます。しかし、右側の子どもは自分のやり方が子どもっぽいやり方であることをよく知っています。左の子どものやり方をじっと観察して、左の子が出て行った後に、自分でも前向きに座りなおして試してみたりするのです。

子どもは大人が何も言わなくても、どういう方法で行うべきかをよく知っていて、そこに向かってできるようになりたいと思っています。一方で、その時の自分の身体能力に合わせた安全な方法を選択しているのですね。

子どもが自分の思った方法で試し、好きなだけ便器に座っていることに保育者が完全に付きそって見守ることは、時間的にも人員的にも難しいと思いますが、子どもが一人でトイレに行っても安全な環境があれば、離れたところからでも見守ることができ、このような時間を保障できるのです。

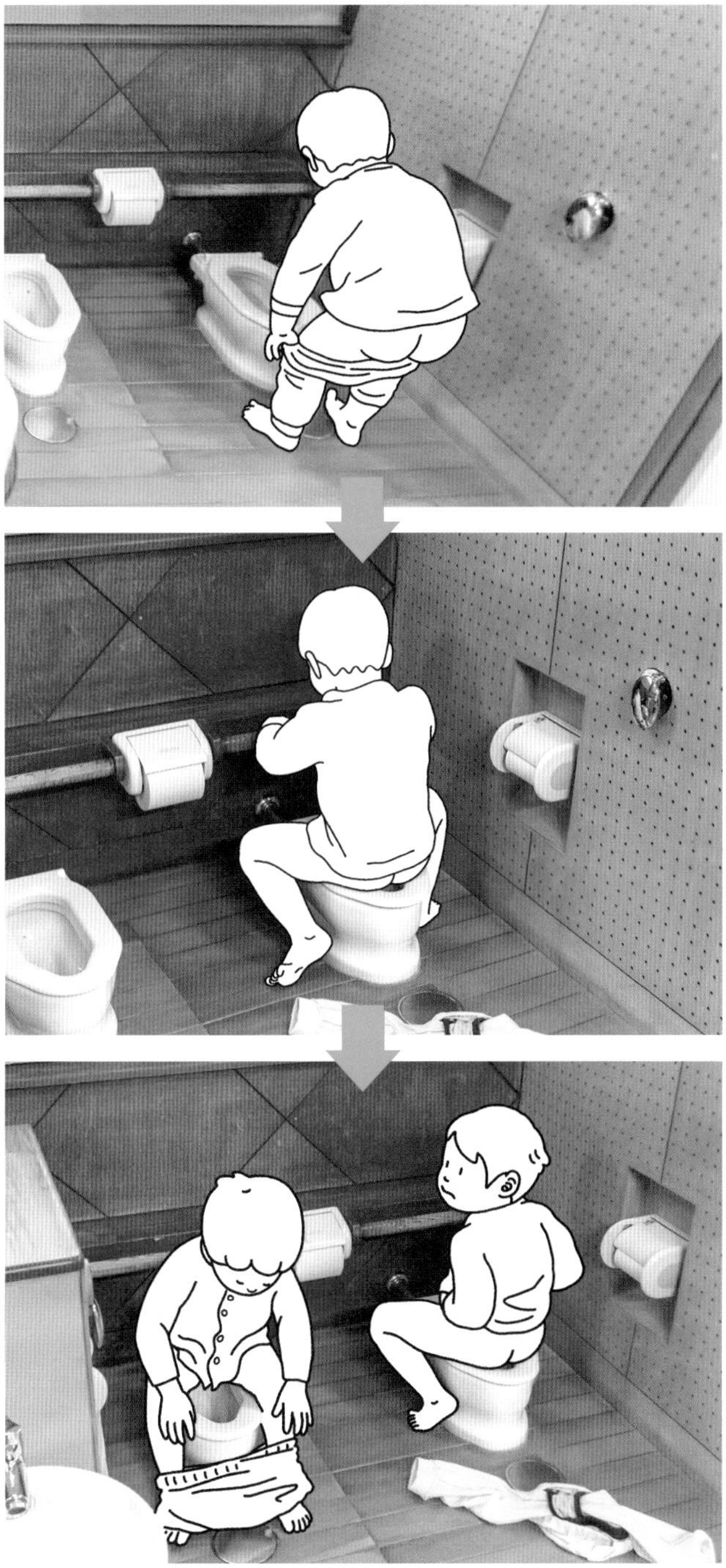

全部ズボンもパンツも脱いで壁に向かって座る子（右側）、手前を向いて座ってズボンもその場で下ろすだけの子（左側）、発達によってトイレのやり方もそれぞれです。（すべて、おおわだ保育園）

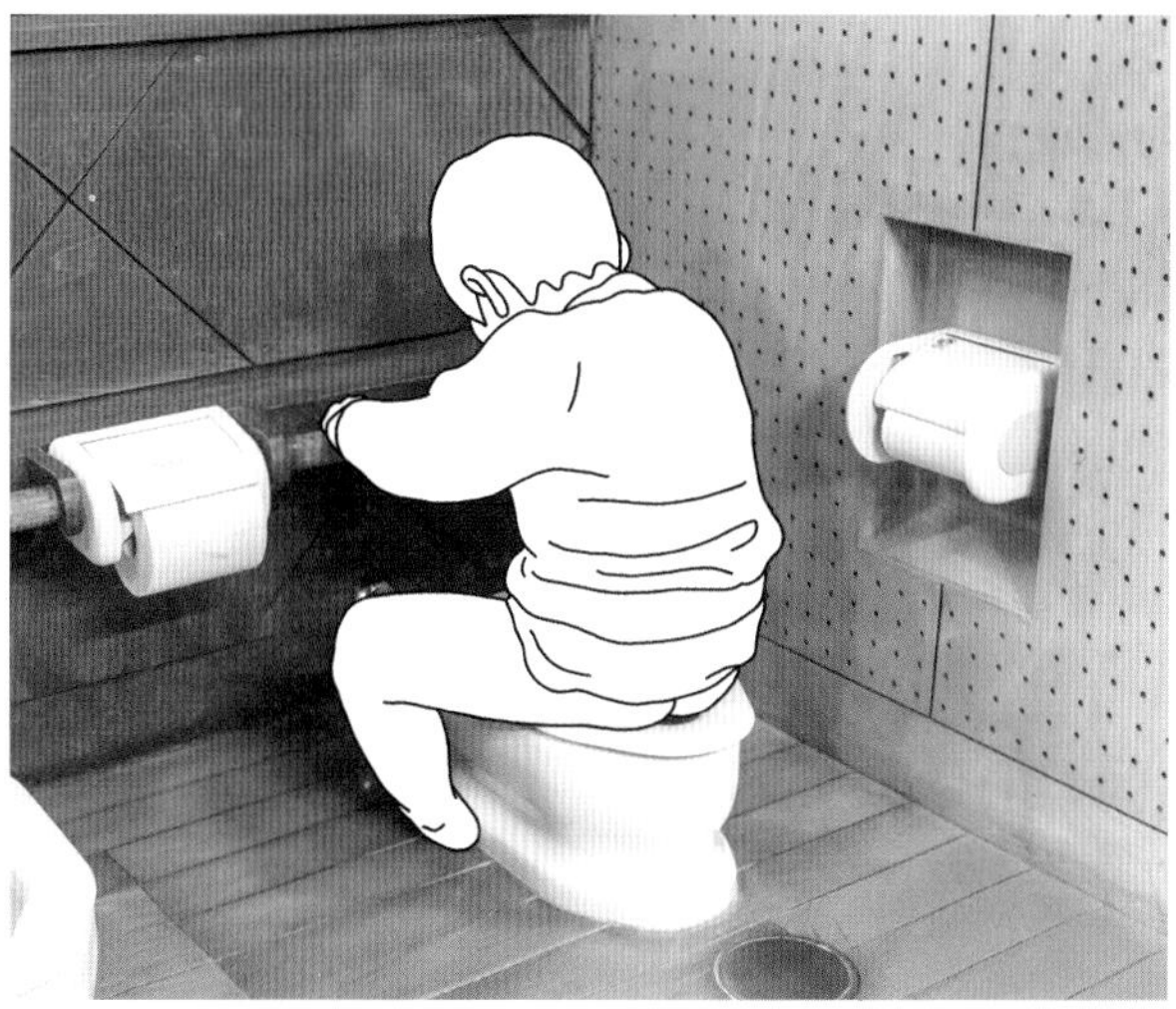

おしっこが出ている間ずっと観察を続ける子ども。

6 環境があれば、子どもは自分で安全を確保する

手すり、トイレットペーパーホルダー

手すりがあれば自分でできる

　子どもが便器にまたがるときは、自分で安全を考えて、いろいろな場所をつかんで、体を安定させようと工夫します。時には便座をつかんだり、フラッシュバルブ（水洗レバー）を持ったり、タンクにしがみついたりします。しかし、便座もフラッシュバルブもタンクもつかまりやすい箇所ではありません。他につかまるところがないので、子どももしかたなくそこにつかまるのでしょう。つかまりにくいところを頼るので、手が滑って怪我をすることもよくあるようです。フラッシュバルブにクッション材を巻き付けて顔や体をぶつけた時に怪我をしないように対策しているところも時々見かけます（次ページ右下写真）。このような怪我を恐れて子どもを一人でトイレに行かせることができない園では、毎回便器の脇に保育者がぴったりとついて子どもの手を取りながら便器にまたがるのをサポートしなければなりません。しかし、つかまるところをしっかりと整えてあげれば、子どもは自分のやり方で安全に便器にまたがれるようになります。どうやって座るのがよいか子どもは自分なりに考えて行動しています。自分の能力に合っているかもよくわかっています。

壁側を向いて座る子どものための手すり。（おおわだ保育園）

月齢が低い子どもは壁側を向いて座るのがやりやすい。（浦和ひなどり保育園）

トイレサポーターシリーズ サポートハンドル（カラー）。（株式会社 フレーベル館）

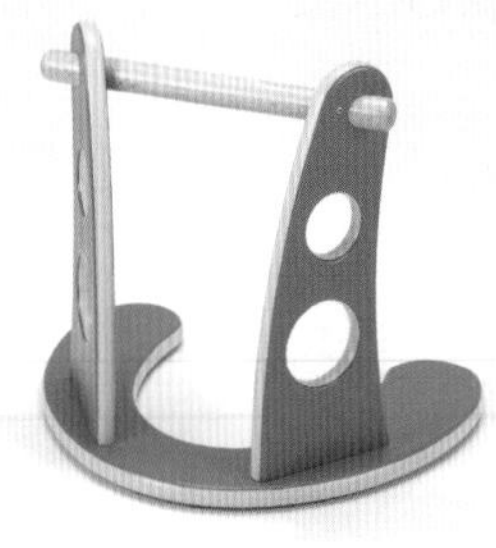

（おおわだ保育園）

手すりのいろいろ

手前側を向いて座る子どものための手すり、床置き式なので必要な時だけ使えます。上は既製品。

ペーパーホルダーなどの工夫

トイレットペーパーを横と背面の両方につけておくと、どちら向きに便器に座っても対応できます。（おおわだ保育園）

保育者が手作りしたペーパースタンド。ポケットに折りたたんだペーパーが一枚ずつ入っています。（松原保育園）

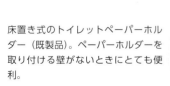

トイレサポーターシリーズ ペーパーホルダー（ベージュ）。（株式会社 フレーベル館）

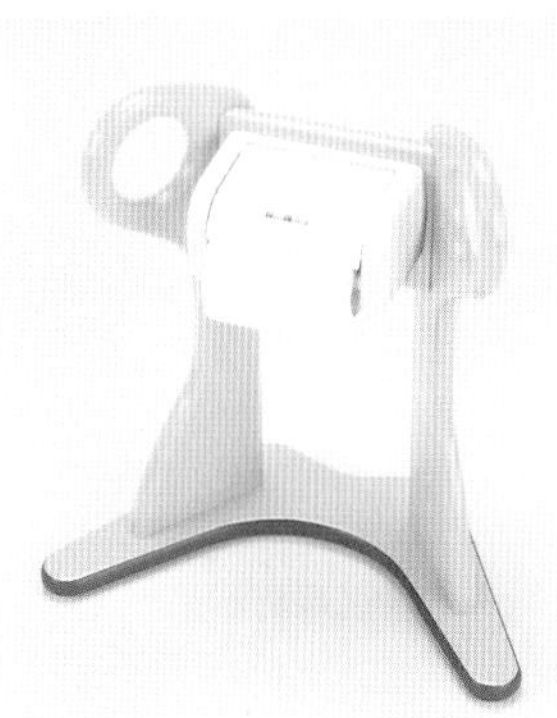

床置き式のトイレットペーパーホルダー（既製品）。ペーパーホルダーを取り付ける壁がないときにとても便利。

ペーパーホルダーは座る向きに合わせて

３歳未満の子どもの場合は、便器に向かって前向きに座ったり、後ろ向きに座ったりしますので、トイレットペーパーホルダーも前向き、後ろ向きのどちらにも対応できると理想的です。便器に座った子どもの横側か前方に設置されていれば使いやすいのですが、適切な設置場所がない場合は既製品の床置き式のペーパースタンドなどを活用するとよいでしょう。月齢が小さい子どもにはあらかじめ切ったペーパーをたたんで箱に入れて置いておくのもよいかもしれません。

子どもが水洗レバーを押そうとして手がすべり、顔や頭をぶつけることもよくあります。

キケン!! フラッシュバルブ

子どもが顔や体をぶつけてもケガをしないようにフラッシュバルブの部分にタオルを巻きつけています。

7 トイレブースのタイプと使い方

気分や使い方で選択できる

幼児期（3歳以上）になると、大便器はブースで仕切ってプライバシーを確保できるように個室にするところが多いですが、園の方針によってはそうしないところもあります。幼児用トイレといっても3～5歳が対象なのか、3歳、4歳、5歳とそれぞれ別々にトイレが分かれているのかどうかによって利用状況も変わります。

浦和ひなどり保育園の幼児クラスは3～5歳児の異年齢でひとつのトイレを共用しています。5歳の子どもには就学後のことも考えて扉が付いた個室ブースがよいだろうということになりましたが、3歳の子どもにとっては逆に扉があるトイレに慣れず怖がる子どももいるだろうということで、扉があるブースとないブースを選択できるようにしました。扉がないブースも中が丸見えにならないように袖壁を少しつけることにしました（下写真）。ところが、トイレができて幼児が使い始めたのを見ていると、5歳児が扉付きのブースを使って、3歳児が扉なしのブースを使っているわけではないことがわかりました。5歳になれば羞恥心も生まれて隠れた場所でゆっくり用を足したいのではないかと考えたわけですが、実際には5歳児も急いでいるときは扉がないブースに駆け込んだりしています。そうかと思えば時間があるときにはゆっくりと扉があるブースに入って用を足したり、同じ子どもでも扉のあるなしを状況に応じて使い分けているのです。そして扉のないブースを使っていた3歳児も、一人前に扉を閉めて用を足すことにあこがれて扉のあるブースを使うようになってゆきます。

おおわだ保育園の3～5歳クラスのトイレでは個室にはすべて扉をつけました。個室を使っていない時は扉が開いた状態になるようにし、どのトイレが使用中かそうでないかがわかりやすいようにしています。個室を使うときには扉を閉めて使うのが基本なのですが、中には開けたまま使う子どももいます。閉めると不安に思ったり、怖いと思うからでしょう。

女の子はこの時期は仲のよい友達と連れ立ってトイレに行くこともあり、友達に外で待っててもらいながら扉を開けて用を足す姿もよく見られます。

子どもはとても合理的に考えて動きます。そして大切なのは子どもが自分の状況に合わせて選択できる環境になっているということだと思います。

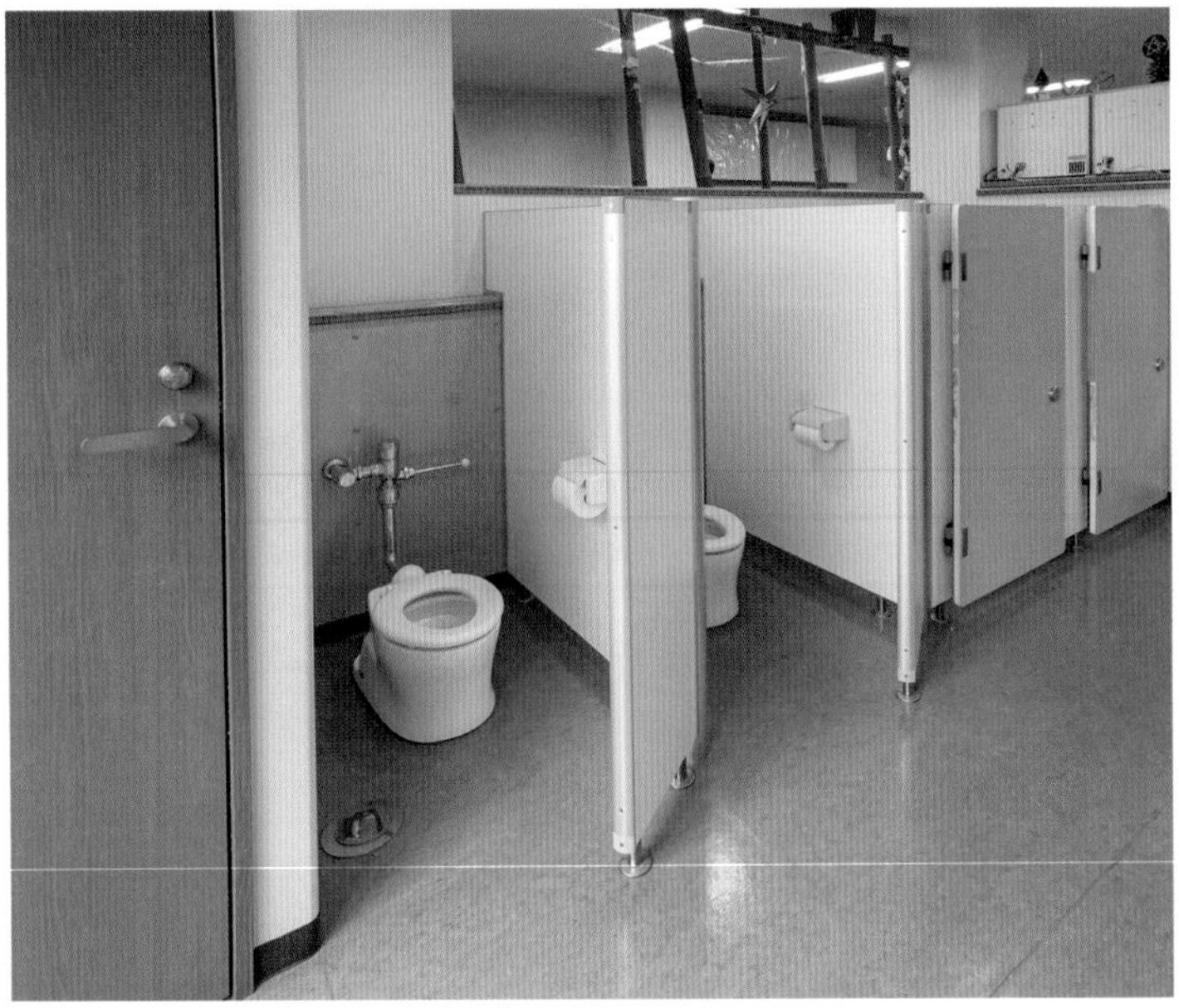

扉のあるブースと袖壁だけのブースの2種類のブースを用意して、子どもが自由に選択できるようにしました。（浦和ひなどり保育園）

扉はあるけれど、閉めるか閉めないかはそれぞれ

友達がブース内で用を足している間、傍で待っていてあげる女児。（おおわだ保育園）

使用していないときはブースの扉は開いた状態になっている。

扉を付けずにプライバシーを確保

すべてのブースに扉をつけていない事例。入り口側（右写真）からはブースの中は見えないようになっています。人に見られたくない子は一番奥へ、気にしない子は手前のブースで済ませます。（多摩川保育園）

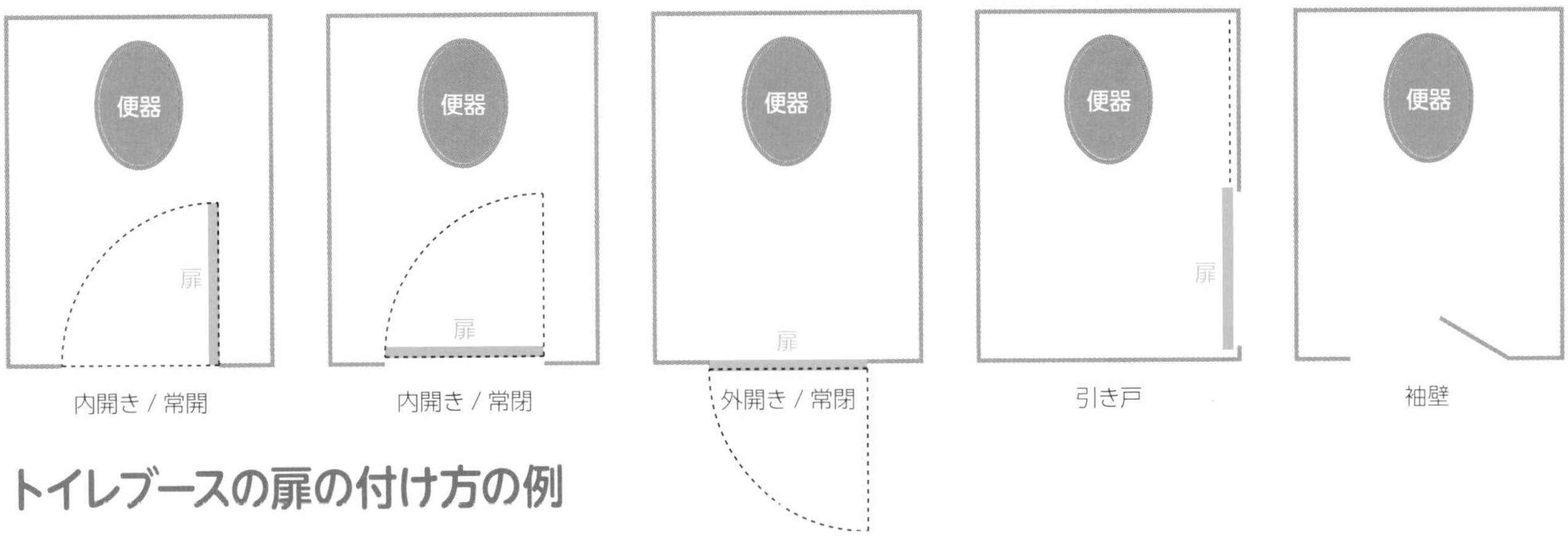

トイレブースの扉の付け方の例

トイレブースの扉のつけ方にはたくさんのバリエーションがあり、状況に応じて使い分けます。

他にもアールの扉、折れ戸などもあり、さらにブースの高さ、ブースの素材などで、コミュニケーションの取り方も変化します。

8 子どもは臨機応変に順番やタイミングを調整できる

順番待ちの風景が変わる

便器の数がたくさんあれば混雑したり、子どもを並ばせる必要もないため、個数が多いに越したことはないかもしれません。しかし保育園や幼稚園では子どもの定員一人当たりの床面積が決まっているなど保育室や教室の広さに制約があることが少なくありません。大きなトイレを確保するために保育室・教室から遠い場所にトイレが設置されてしまっては意味がありません。逆に子どもの生活場所のすぐ近くにトイレを配置することによって数がたくさんなくても充足させることができると考えています。また保育の中でトイレタイムをどのように捉えるのかによっても、必要な数は変わってくるでしょう。ある時間に一斉にトイレに促す場合は、トイレは一時的に混雑してしまいますが、ある程度の時間の幅をもたせて促すならば、そんなに混雑することはないでしょう。子どもたちは自分で混み具合を判断し

一度に複数人を連れてトイレにやってくると便器の前で並んで待たなくてはなりません。並んでいる間に「もうちょっと離れてて！」と押し合いが始まったり、「早く替わって！」と待ちきれない子が叫んだり、待っている間に手持無沙汰な子どもが周りのものを触りだしたりと、それぞれに対応する保育者もてんてこ舞いです。

並ばなくても順番を調整しながら待つ

トイレの中で複数の子どもが順番を待っていますが、交通整理の大人がいるわけでもなく、列を作って待っているわけでもありません。子どもたちは自分で順番を調整しながら待っています。急がない子どもはお友達とお話しながら、急ぐ子どもに順番を譲ります。なんとも楽し気で和やかな雰囲気です。(おおわだ保育園)

て、行くタイミングを調節することができます。急いで用を足したい子は早く行くでしょうし、特に必要を感じない子は行かないという選択をすることもあるでしょう。トイレがすぐ近くにあれば自然とそのような調整が子どもたちもしやすくなるのです。

便器の個数の目安をよく聞かれますが、先に述べたようなことから5人に一つ位でちょうどよい園もあれば、そんなになくてもよい園もあるということになりますね。

トイレも食事もそれぞれの場所、タイミングで

話は排泄のことから外れますが、最近はランチタイムも子ども自身が食べるタイミングを決められるようにしている園があります。例えば11時から12時までの間の好きな時間にランチルームに行って昼食を摂ることだけが決まっていて、子どもはその日のメニューや、遊びの活動の進み具合によって昼食を摂るタイミングを自分で決めるのです。座る席も自由です。好きなメニューの時は早めにランチルームに行く子、遊びに夢中になってキリがつくまで遊んだ結果、ランチタイム終了時間ギリギリになってから駆け込む子など、その時の都合に合わせて子どもは行動の段取りを決めているのです。

おおわだ保育園ではコロナ禍をきっかけにスツールをテーブル代わりにして食事をとることもあります。スツールを自分の好きな場所にまず置いて、「場所取り」をしてから給食を取りに行きます。場所は保育室の中でも、テラスに出ても自由です。密接して食事をとらないのでコロナ対策にもなり、子どもたちも自由に好きな場所を選べます。

トイレタイムもランチタイムも順番を待って並んだり、みんなで揃って行ったり、みんなで一緒に決まった席で決まった時間に食べることが当たり前に考えられてきましたが、当たり前ではないかもしれないと考えてみることは新鮮です。今までの枠を取ってみたら子どもたちはどうするでしょうか。自分の行動を自分で決めて、今何をして、次に何をするのか段取りを考え、いざこざになっても自分たちで解決していけるかもしれません。排泄も食事も生活の主体者である子どもを中心に考え、当たり前だと思っていた環境を見直してみるのもよいと思います。

自分で決めるランチタイム

スツールがテーブルになって、どこでもランチタイムです。ちなみに、おおわだ保育園では各クラスの保育室内の炊飯器でご飯を炊きます。炊飯器からご飯のいい香りがし始めたらお昼ご飯の時間です。（おおわだ保育園）

9 指示語がなくなるトイレ

保育者が安心して見守るためには

保育者が寛容になるために

子どもが一人でトイレに行けるように環境を整えた園からは、「保育者が指示語を発することが少なくなった」という意見をいただきます。以前は「早く！」「ダメ！」「危ない！」など指示したり、注意することが多かったのに、それがなくなったというのです。おそらく、裸足でもトイレの中に入れるようになり、尻もちをついたり、衣服が床についたりしても注意する必要がなくなり、トイレの中に雑多なものが置かれなくなったために、子どもが危険なものに触ることもなくなったからだと考えています。つまり、保育者が安心できるトイレは指示語や注意もなくなるということなのです。子どもが一人でトイレに行けるようにすることは保育者が安心して見守れる環境にするということなのです。

■トイレ環境の違いによる行動の変化

	子どもが一人でトイレに行けない		子どもが一人でトイレに行ける	
トイレ環境	・トイレが遠い。 ・危険がある。 ・不潔である。		・トイレが近い。 ・安全である。 ・清潔である。	
行動の主体	**保育者** ・保育者が子どもをトイレまで誘導する。 ・怪我をしたり、汚したりしないように目が離せない。 ・子どもを並ばせる。 ・全員がスムーズに用を足せるように急がせたり、注意したりする。		**子ども** ・自分の意思でトイレへ行く。 ・保育者の視線を感じて安心して用を足す ・自分のペースで用を足す。 ・自分のやり方を試す。	
行動 声掛け	保育者にとって、手間に追われる保育の時間 仕事をこなすための声掛け 「早く！」 「危ない！」 「ダメ！」	子どもにとって、並ばされたり、注意されたりする時間	保育者にとって、安心して見守る時間 排泄の気持ちよさに共感したり、できたことをほめる声掛け 「すっきりした？」 「できたね」 「えらいね」	子どもにとって、自分で考え、達成感や自信を感じる時間

第4章

乳幼児の排泄の発達

1 乳幼児の排尿のメカニズム

大人の場合はおしっこが一定量以上膀胱にたまると、膀胱の壁にある受容体が刺激を感知し、骨盤神経、脊髄神経、排尿中枢を通って大脳皮質へと伝わり、私たちは「尿意」として感じることができます。すぐにトイレに行って排尿できない時には我慢しますが、その時は大脳皮質から逆の経路で膀胱の壁に命令が伝わり膀胱の筋肉を緩めるとともに膀胱の出口の括約筋を縮めて排尿を抑制します。脳から「出していいよ」と排尿の命令が出ると膀胱の壁の筋肉は縮み、出口の括約筋は緩み、尿が排出されます（図4-1）。

～生後1か月頃

赤ちゃんの場合は反射によって排尿が行われるため、膀胱からの刺激は骨盤神経を通って脊髄までは行きますが、大脳皮質までは到達せず、脊髄から骨盤神経を通って膀胱内の筋肉に伝わり、膀胱が縮んで排尿してしまいます。また、激しく泣くと腹圧が膀胱にかかり、おしっこが出てしまうこともあります。回数は1日に20回程度になることもあります（表4-1）が、1回の量は少なく、おむつをしているために保育者にはいつ排泄が行われているのかわからないことが多いです。

1か月～1歳頃

生後14週くらいで覚醒時に排尿する回数が増えてきます。生後3～4か月で眠っている間の排尿が抑制され目覚めているときに排尿しようとするメカニズムができ上がってくると考えられます。また、膀胱におしっこがたくさんたまった感覚は自覚している可能性が考えられます。

1歳以降

赤ちゃんは4か月頃には首が据わり、7か月頃には座位ができるようになります。10か月くらいでつかまり立ちができ、1歳過ぎ頃には一人で立つことができるようになり一人歩きができるようになってゆきます。早い子は「マンマ」などの一語文を話す子どももいます。これは大脳皮質が発達していることを示しています。排泄機能の発達にも同様に大脳皮質の成熟が大きく影響しており、この時期の子どもは膀胱におしっこがたまった感覚、おしっこが出た後の感覚を経験しておしっこが意識的なものへ移行してゆき、オマルやトイレでも用が足せるようになっていきます。

■表 4-1：月・年齢別一日のおしっこの回数の目安

（中野, 2013 を参考に作成）

	0～1か月	1～6か月	6か月～1歳	1～2歳	2～3歳
排　尿	20～25	15～20	10～16	7～12	5～8

（数値はめやすであり個人差があります）

■図 4-1：おしっこを出すときと、出ないようにしているときのしくみ

（末松, 1994 を参考に作成）

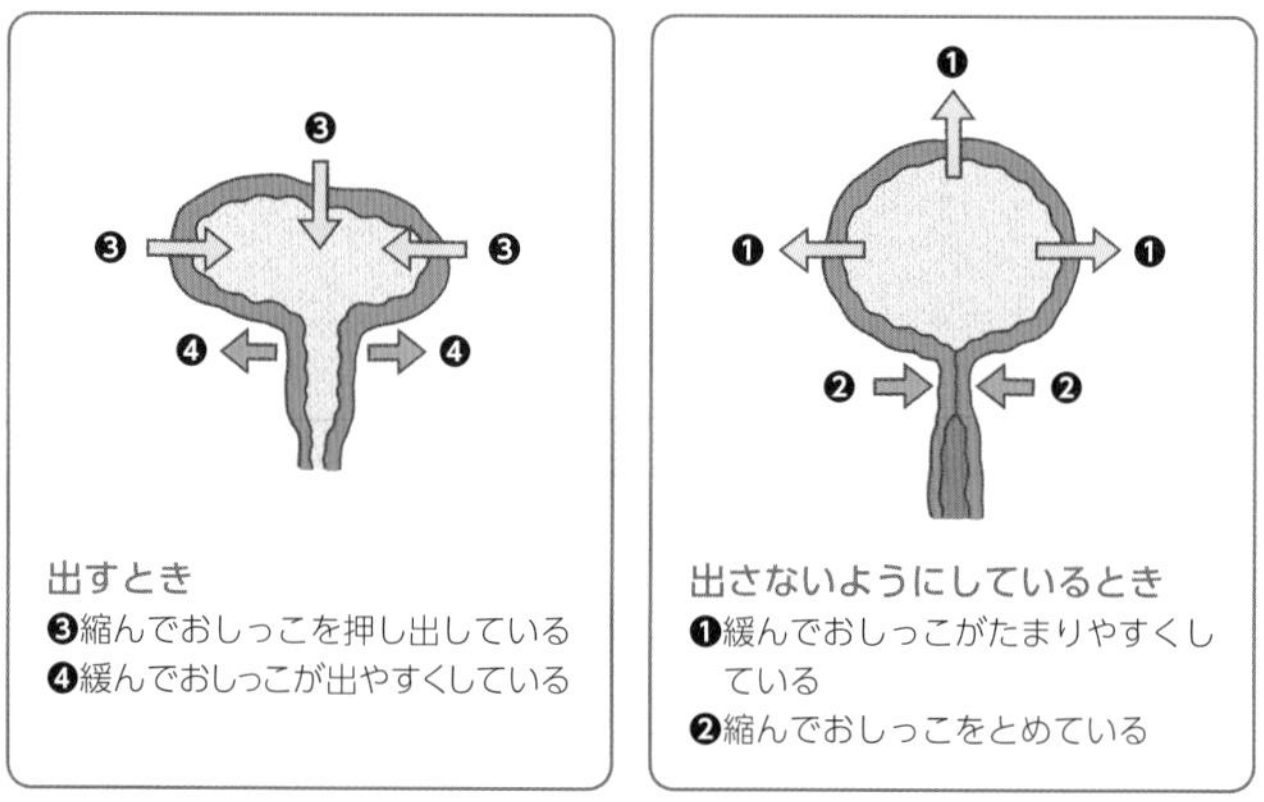

出すとき
❸縮んでおしっこを押し出している
❹緩んでおしっこが出やすくしている
出さないようにしているとき
❶緩んでおしっこがたまりやすくしている
❷縮んでおしっこをとめている

【082 ページの参考・引用文献】
末松たか子『子育てと健康シリーズ④おむつのとれる子、とれない子 排泄のしくみとおしっこトレーニング』大月書店, 1994
中野美和子「第2章 知っておきたい排泄のしくみ」三砂ちづる著『五感を育てるおむつなし育児』主婦の友社, 2013

2 乳幼児の排便のメカニズム

大人の場合はS状結腸から直腸に便が入ると、直腸の壁にある受容体が感知し、その刺激が骨盤神経を通って、脊髄を経て大脳皮質に到達して、私たちは便がたまったことを感じます。すぐに排便してはいけない場合は大脳皮質からまだ出さないように命令が逆の経路を通って伝達され、肛門の周りにある括約筋を締め排便することを我慢します。排便するときは、脳から脊髄、陰部神経を通って直腸へ命令が送られ、直腸が蠕動（ぜんどう）し、内肛門括約筋を緩めて肛門を開き排便します（図4－2）。

～生後6か月頃

便は軟らかめで、やはり反射でうんちが出ます。新生児は1日に10回ほど排便することもあります（表4－2）。月齢が進むに伴い回数は減り、3、4か月頃には軟らかい便から形のある便へと変化します。

生後6か月～1歳頃

うんちをするときにいきむ姿が見られるようになります。大脳皮質が成熟する1歳過ぎ頃になると直腸に便がたまったことを自覚できるようになります。

1歳以降

1歳半～2歳頃にうんちをする前に知らせることが少しずつできるようになり、オマルやトイレでできるようになりますが、まだ我慢することはできません。3～4歳になると、うんちを意識して我慢することができるようになりますが、我慢できる時間は短く、お漏らししてしまうこともあります。

■表4-2：月・年齢別一日のうんちの回数の目安
（中野, 2013を参考に作成）

	0～1か月	1～6か月	6か月～1歳	1歳以降
排　便	8～10	5～6	2～3	1～2

（数値はめやすであり個人差があります）

■図4-2：便意が起こるしくみ
（中野, 2015を参考に作成）

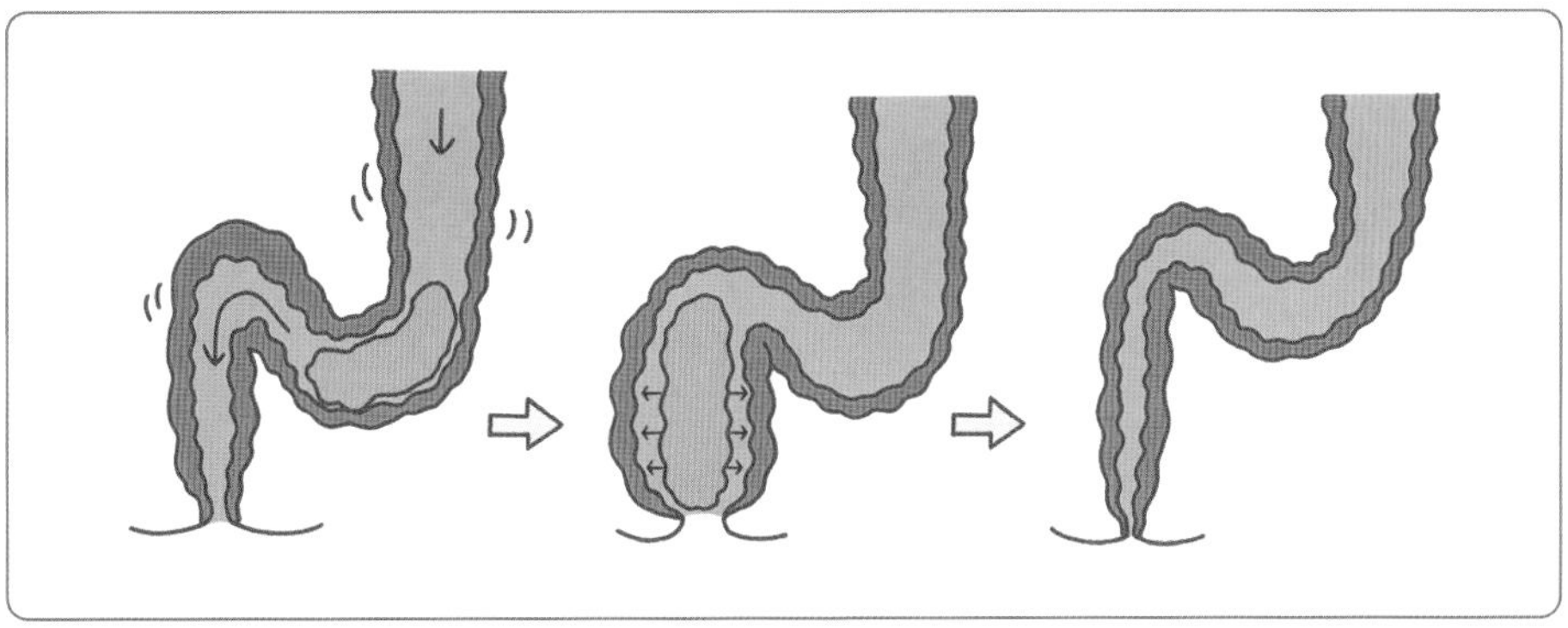

通常は、直腸には便はたまっておらず、上から便が降りてくると、その伸展刺激が直腸の壁にある神経に伝わり、脳に伝わります。すると、排便中枢にスイッチが入り、排便したくなるのが便意です。

【083ページの参考・引用文献】
末松たか子『子育てと健康シリーズ④おむつのとれる子、とれない子 排泄のしくみとおしっこトレーニング』大月書店, 1994
中野美和子「第2章 知っておきたい排泄のしくみ」三砂ちづる著『五感を育てるおむつなし育児』主婦の友社, 2013
中野美和子『赤ちゃんからはじまる便秘問題 ―すっきりうんちしてますか？』言叢社, 2015

3 子どもの排泄発達は遅れているのか？

小児科医の末松たか子氏（1994）は「おむつ離れ」の時期を1960年と1980年に調査し、20年間で6か月以上遅れていることを著書の中で指摘しています。おそらくこのデータは家庭でのケースを親にアンケート調査したデータではないかと思われますが、1960年では平均月齢が21・4か月、1980年では平均月齢が27・9か月であったと示しています。また同じく小児科医の中野美和子氏は、やはり著書の中で、子どもの排泄の自立は2歳頃である(中野、2015)と記述しています。

図4-3は村上（2023）が保育士を対象に行ったアンケート調査で、保育園での自立時期について聞いた結果です。排泄が自立するのは2歳半から3歳未満の間であると答えた方が多かったです。すなわち、30か月から36か月未満ということです。末松氏のデータと比べると40年でさらに2～8か月遅れており、中野氏のデータと比べても半年から1年遅いことになります。これは子どもが変わったからなのでしょうか？

発達心理学者で子育て文化の国際比較に詳しいバーバラ・ロゴフ（2006）は人の発達について、「人間は、自らの属するコミュニティの社会文化的活動への参加のしかたの変容を通して発達します。そして、コミュニティ自体もまた変化するのです」と人間発達に文化的過程が密接に絡んでいると論じています。

これは例えば子どもからの排泄のサインの受け取り方や、いつごろまでに排泄が自立して欲しいかという大人側の願いや社会的な通年なども指しています。末松氏が調査した1960年代と村上が調査した2020年代では日本の生活文化も子育ての方法も大きな変化を遂げてきたといえます。昔はまだ子どもの周りに父母の他に祖父母や兄姉など複数の大人がいて関わり、おんぶやだっこも現在のように装具を使わずに身体と身体が密着する状態で行い、おむつの性能もはるかに劣っていたでしょう。現在は、女性の社会進出、核家族化、抱っこやおんぶからバギーカーへの変化、おむつの性能の向上など大きく変化しています。そして親も保育者も子どもの排泄の自立をそんなに急がない風潮が広がっています。自立を急がなくても社会的に大した不都合がないからでしょう。このような変化が排泄発達にも影響しているのではないでしょうか。

■図4-3：保育園での排泄の自律時期　(村上, 2023)

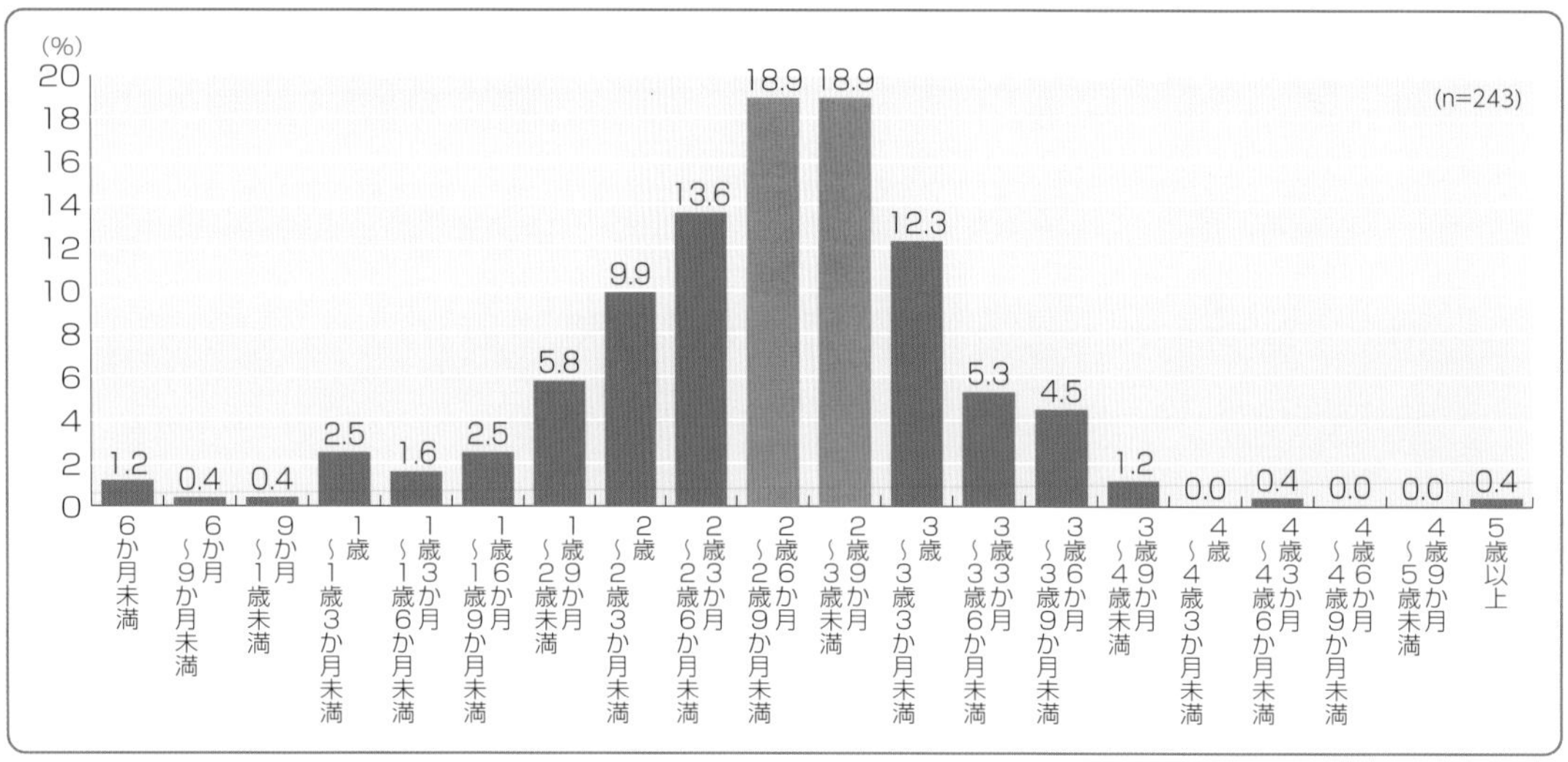

コラム1

文化が変われば子どもの発達も変わる

de Vries & de Vries（1977）は東アフリカのディゴというコミュニティでフィールド調査を行い、トイレット・トレーニングの様子を報告しています。ディゴの社会では乳児は生まれてすぐに学習できる存在であると考えられており生後数週間で排便、排尿のトレーニングを開始します。下の絵は乳児がおしっこのトレーニングをするときの標準的な体位です。お母さんが赤ちゃんのおしっこが出そうなサインを感知すると左の絵のように母親の膝の上に仰向けに乗せて、「シュウ―」といいながら排尿を促します。真ん中の絵はそれに反応して赤ちゃんが排尿している最中の絵です。右側の絵は排尿が終わってお母さんにほめてもらい、喜んでいる様子です。この絵の赤ちゃんは生後90日ですが、ディゴでは4～6か月までには夜も昼もお漏らしをしなくなるのが一般的だそうです。それが可能な背景には、生後2か月間は母親が子育てに専念する文化があり、母親は赤ちゃんを抱いたり背負ったりして身体的に密着して過ごすために赤ちゃんの細かな要求に敏感に反応できることや、その後も父親を除くすべての家族が常に赤ちゃんの周りにいて積極的に世話をするという家族文化があること、そして子どもに対して早く発達して家事や農業の手伝い手として機能してくれることを強く期待する社会的な考えがあることが影響していると考えられています。ディゴの子どもは1歳を過ぎると歩行と排泄のコントロールができ、簡単な欲求を言葉にでき、5歳から8歳までは男子も女子も育児や食事の準備などを手伝い、その後は家畜の世話やココナッツの収穫を担当します。また住環境的な要因も影響していると考えられています。彼らが暮らすところは赤ちゃんが周囲の地面の上で排泄をしてもすぐに乾き、土壌がアルカリ性のためににおいなどもそんなに気にならないといいます。赤ちゃんは先進国のようにトイレルームまで行って複雑な衣服を脱いで用を足さなければならないという高いハードルを越えなくても、簡単に自ら用を足すことができてしまうのです。

このような社会での子育てを見てみると、われわれ日本人は乳児の能力を過小評価しているといえるかもしれません。

生後90日の子どものおしっこトレーニング

❶標準的なおしっこトレーニングの姿勢。大人は「シュウ～」と言って排尿を促します。

❷子どもが反応して排尿します。

❸排尿が終わると大人にほめてもらい、うれしそうにしています。

4 コミュニケーションとしての排泄支援

「出る」という感覚の共有

おむつ交換の場面や、子どもがオマルや便器を使う場面は保育者と子どもが濃密に関わり合う大切なコミュニケーションの場でもあります。おむつ交換なら「いいうんちが出たね」「気持ち悪かったね」「さっぱりしたね」などと声掛けするでしょう。オマルに座るときは「出そうかな?」「おしっこ、し〜し〜」「おしっこ、出たね!」「あ〜、すっきりしたね」など子どもの身体感覚を共有するような声掛けを保育者は自然と行っています。着替えをするときには、子どもの身体をマッサージしながら「気持ちいいね〜」と微笑みあったり、時にはそれがくすぐり遊びに発展したりと、子どもにとっても保育者にとっても幸福感に包まれる時間ではないでしょうか。

特に乳児期は反射による排泄から自覚的な排泄へと移行する時期であり、子どもの排泄感覚に保育者が共感する関わりは大変重要になる時期といえるでしょう。

特にオマルや便器を使い始めると、子どもが自分で排泄を自覚し始めていることが保育者にもよくわかるようになります。例えば、おむつ交換のついでに「オマルに座る?」と子どもに聞いて、子どもが嫌がらなければ座らせるということを繰り返していると、はじめは保育者も気づかないうちにオマルにおしっこが出てしまっているということも少なくありませんが、だんだん出るときの「サイン」がわかるようになります。おしっこが出そうなときに子どもは「うっ」と発声したり、泣きそうな顔をしたり、下腹部がピクッとしたり、口がきゅっと引き締まったりするので子ども自身が「出そうだ」と感じていることが保育者にもわかります。そのタイミングで「おしっこが出そうだね」「おしっこする?」などと声かけしてあげると、「これが『おしっこが出る』という感覚だ」ということを子どもは把握しやすくなるのではないかと思われます。そして同時にその感覚を保育者と共有することができるようになっていきます。さらに、実際におしっこが出た瞬間に、「出たね!」「すごいね!」「えらいね!」「オマルでおしっこできたね!」と互いに喜び、ほめてあげることが子どもの効力感、自信につながってゆくと考えられます。この排泄感覚の共有は保育者と子どもの信頼感を深め確固たるものとしていくために大変大きな役割を果たすと考えられます。

筆者の観察研究(村上、2024準備中)では、生後5か月頃には保育者は既に子どもが排泄する時の予兆サインを把握することができます(この時は小さな容器をオマルとして使い、横抱きのまま股にあてる方法でした)。7か月頃になると座位がしっかりしてきて、オマルに座ることもできますが、保育者はオマルに座る子どもと向き合うと、さまざまな表情や身体の微細な動きをサインとして把握するようになります。排泄場面で感覚を共有できた保育者は、食事の場面でも子どもが素直に食べてくれるようになったなど、他の生活場面と関連づけて考えたり、支援が以前よりやりやすくなったとインタビューで話したりしました。信頼する保育者にほめてもらったり、喜んでもらったりしたいという感情が子どもに芽生えるからなのでしょうか。また、言語発達と結び付けて「言葉が早く出る」「言葉が多く出る」と話す保育者もいました。

Kくん（9か月）●おしっこが出る前に尿道口を見る

Kくんが尿道口をじっと見つめている姿を見て保育者は「おしっこが出そうだね」と声掛けします。この時「出る」という感覚を子どもと保育者で共有しています。

「おしっこが出そうだね」という声掛けによって、子どもはこの時感じている体内感覚とおしっこが出るという感覚を結び付け、徐々にコントロールできるようになっていくのだと考えられます。

Kくん（9か月）●「出る」瞬間を保護者と共有する

おしっこが出た瞬間に「わぁ～！」と言いながら保育者の顔と尿道口を交互に見るKくん。保育者も同時に「出た～！」と叫び、「すごいね！出たね！Kくん、やったね」とほめてあげると、Kくんは満面の笑みで喜びを表します。このようなやりとりの繰り返しが子どもと保育者の信頼関係を深めてゆくのでしょう。（すべて、浦和ひなどり保育園）

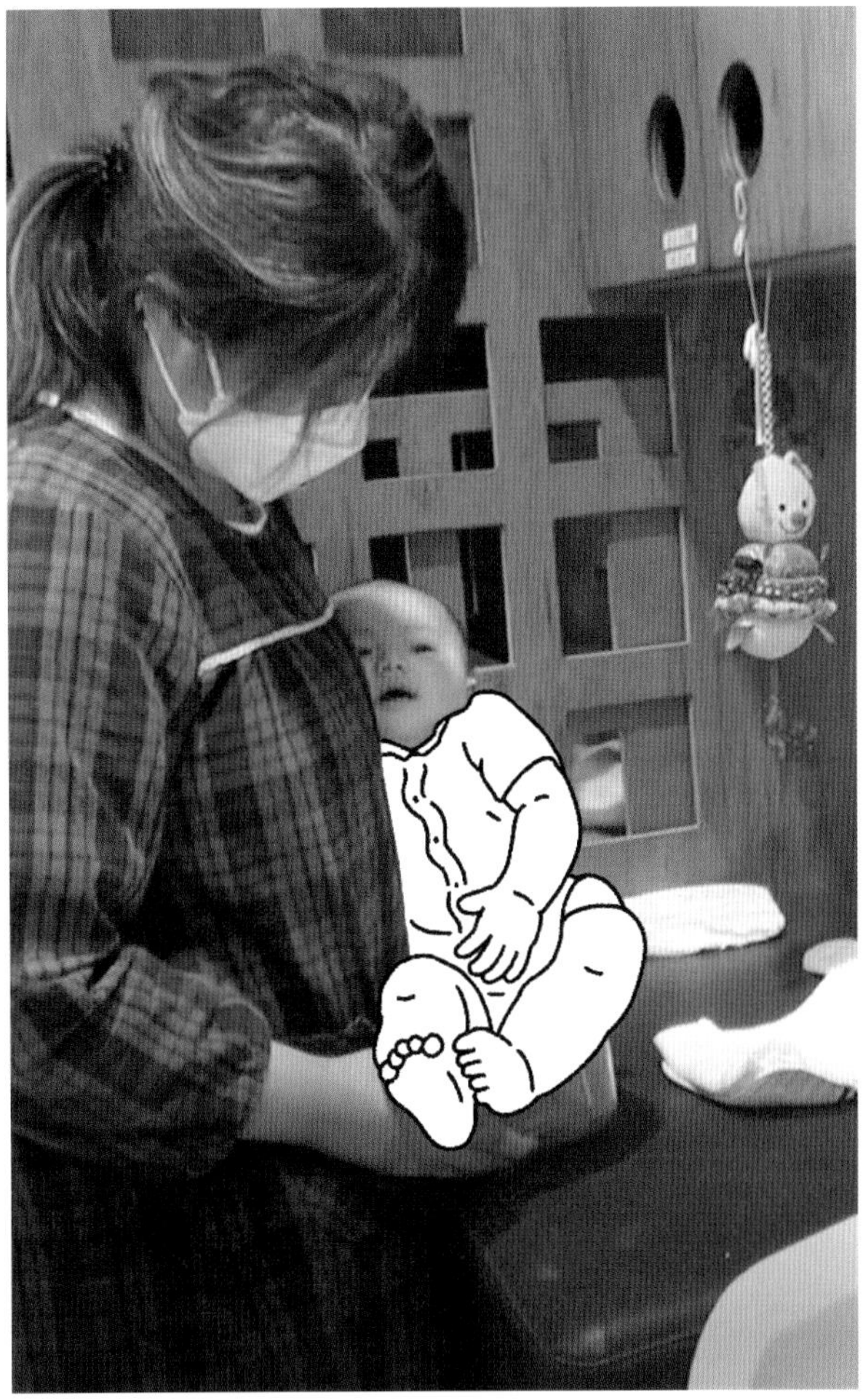

Sくん（5か月）●おしっこが出る前に「ニコッ」

Sくんはオマル（小さな容器）を当てると、「ニコッ」と笑ってからおしっこを出すので、保育者はSくんが笑うと「あ、出そうかな」と声掛けし、おしっこが出ると「出たね～」と声掛けします。

コラム2

コミュニケーションとしてのおむつ交換
—大人をコントロールする—

おむつやパンツの交換場面を家庭と保育園で比較すると、保育園に比べて家庭では子どもがよく親に抵抗したり、ふざけたりして親を手間取らせようとしていることが多いことがわかります（村上・根ヶ山，2007）。下のエピソードは２歳前の男の子Ｍと母親の家庭でのやり取りを観察したときのものです。Ｍが紙パンツを交換する際に駄々をこねながら母親の手を焼かせているという場面です。Ｍはもう紙パンツを自分で履くことができるほどに発達していますが、わざと自分ではやらないで、母親にやってもらおうとしたり、母親が引き上げたパンツを再び下げたりして妨害しようとします。一方で母親はあきれながらも気長にＭに付き合っています。

23か月男児Ｍと母親の家庭でのやり取り

母親がＭに紙パンツを履かせるために座らせようとするがＭは笑いながら母親の体にもたれかかるようにして寝そべる。母親がＭを立たせてパンツを引き上げようとするが、Ｍは身体をだらりとさせたまま立とうとしない。「履いて、自分で、はいてよ～」と母親が言うが、Ｍは笑ったままだらりとしている。母親は「やなの？じゃいいや」と言ってＭを一旦放っておき、テーブルの上の食事を片づけようとする。Ｍは「う～ん～」といってぐずりだす。母親は寝そべっているＭの紙パンツを引き上げるが、Ｍは笑いながらそれを引き下げる。母親があきらめて立ち上がろうとすると、Ｍはさらにぐずりながら、母親のひざに頭をのせる。Ｍは母親に「『いないいないバー』やって」と頼み、母親はそれに付き合う。Ｍは機嫌がよい。母親が「早く服着て、ブロックやろうよ」とパンツを上げようとすると、また「ん～、ん～」とぐずりながらさけぶ。母親が立ち上がるとＭは手足をバタバタさせて癇癪を起こす。母親は一旦別の部屋へ去るが、Ｍはまだ寝そべったままじっとしている。母親が戻ってくるとＭはにこりと笑うがすぐに再び足をバタバタさせる。母親がＭの身体をくすぐって、「いそげ、はやくしないと、はやくしないと」と言いながら無理にＭのパンツを上げるとＭは笑いながら抵抗を緩める。母親は一気に上着を着せ、ズボンを履かせる。Ｍは自分で立ち上がって機嫌よく玄関の方へ歩いていく。

このようなやりとりに身に覚えがある養育者は少なくないでしょう。Ｍの行動からは母親との親密なコミュニケーションを引き出そうとあれやこれや懸命に試している様子がうかがえます。素直に紙パンツの交換に応じてしまうと母親とのこのような豊かなやりとりの時間をもつことはできません。このようなやり取りは園よりも家庭で起こりやすく、またトイレット・トレーニング前よりはトイレット・トレーニング中の子どもによく起こっていることがわかりました。この時期の子どもは何でもできるようになりたいと思う気持ちと、まだ甘えていたいと思う気持ちが入り混じっているので、自分でできることが増えてきて養育者との関わりがだんだん少なくなっていくことに不安を覚えるのかもしれません。子どもにとって、もっと小さい頃はパンツやおむつ交換の時間は養育者が「いいうんちが出たね」「さっぱりしたね」とほめてくれたり、気持ちよさに共感してくれたり、体をさすってくれたりする幸せな時間だったはずですが、自分でいろいろできるようになると今度は「ひとりでできるでしょ」「もう大きいんだから」と言われ、突き放されたような気持ちになるのかもしれません。そして、このような行動がおむつやパンツの交換の際に現れるのは、親が子どものおむつやパンツを付けないままで放っておけないということを、子どもが理解できているからにほかなりません。確信犯的に大人をコントロールしているといってよいでしょう。

5 オマル場面でのやり取りには子どもの「自己決定」「意思表示」の機会が詰まっている

オマルの有無による保育者の共感内容の違い

筆者の観察研究（村上、2024準備中）で、オマルを使った排泄支援の際に、保育者が子どもの言動をどのように理解しているかを見てみました。保育者によっては、子ども自身が「おしっこが出そうだ」と感じているときはおとなしくオマルに座り続け、「今は出ないな」と感じている時はすぐに立とうとしたり、座るのを嫌がったりするので、それも子どもの意思表示であると捉えています。保育者は「子どもは自分の体内感覚（内臓感覚）に基づいて意思決定している」という前提で子どもを見ているのです。保育者は座り続ける子どもには「出そうかな？」と声掛けし、すぐに立ってしまう子どもには「今は出ないのね」と声掛けします。

そしてオマルに座る前にも「座ってみる？」「今はやめておく？」などと子どもに選択肢を与えることも多いです。一方、子どもは座るかどうかを自身で意思決定し、保育者が自分の意図や感覚を理解してくれていると捉えていると考えられます。これは子どもが自分の考えていることや、自分の意図することが他者に理解され、自ら行動を決めることができるという自信につながるでしょう。このようなやりとりが効力感につながり、保育者との信頼関係も深まっていくのだと思います。

ところが、オマルを使う選択肢がなく、おむつの交換だけを行っている場合は保育者の声掛けの内容も異なってきます。おむつ交換のみを行う場合は「出る」感覚を共有しようという意識が保育者に働かないようです。

おむつを交換する時に保育者が意識するのは「おむつに既に排泄があったか、なかったか」「気持ち悪かったか」「おむつを交換してさっぱりしたか」などであり、声掛けも「たくさん出たね」「気持ち悪かったね～」「はい、さっぱりしましたね」などです。そこには「共感」はあるかもしれませんが体内感覚を共有するような内容は登場しません。そして子ども自身が自己決定する機会も少ないのではないでしょうか。おむつの種類を選べたり、着替えの服を選んだりすることも自己決定ではありますが、生理的な体内感覚を自覚して、それが何を意味するのかということを理解して身体をコントロールできるようになることとは全く質が違っています。

オマルでできてもおむつが不要というわけではない

ところで、早い月齢でオマルに排泄ができたからといって、おむつがすぐに外れるわけではありません。おむつが外れないならやっても意味がないと考える方もいるかもしれません。世間ではオマルの使用を開始することとトイレット・トレーニングを開始することが同じことだと考えている人も多いと思いますが、オマルや便器を使用する時の子どもと保育者のやり取りは、「排泄支援」という範疇を越えて、子どもの発達全体や養育者との関係性に大きな影響を与えていることに注目すべきだと思います。保育園での排泄支援の観察から見えてきたことは、おしっこやうんちがオマルで出るかどうかが重要なのではなく、その時の保育者と子どもとのコミュニケーションがむしろ重要であり、それが子どもの排泄感覚や排泄の自己制御に影響を与えている可能性が大きいということでした。ここでしっかりと子どもと向き合うことが、結果的には排泄の自立をもスムーズにしていくのではないかと思います。

6 排泄支援と共同注意

環境としての「人」

子どもは排泄するとき、膀胱が収縮する感覚、直腸に便がたまる感覚などを感じて声や表情、しぐさなどに表出します。それは無意識に表出されるものもありますが、それを保育者が「サイン」として読み取り、「出そうだね」や「出るかな」などと言葉にして子どもに返してあげることで排泄感覚を自覚しコントロールできるようになっていくのではないかと考えます。

この時の子どもの体内感覚に共感し「出そう」という感覚に保育者が成り込むことは「共同注意」として捉えることもできるのではないかと思います。「共同注意」とは一般に「他者と事物に注意を配分し共有すること」を指します。「共同注視」と呼ばれることもありますが、「共同注意」は「視覚的共同注意」だけではなく「聴覚的共同注意」や「触覚的共同注意」などさまざまな感覚が複合的に働いています。また、「共同注意」は一般的には子どもが他者を意図的主体として認識する生後９か月頃から始まるといわれていますが、９か月以前に皆無なわけではありません。

自他の心の世界に気づき、それを思い浮かべて共有することは人間に特有な心の世界といえ、子どもの身体には他者と高次な共有世界を構築させるプログラムが生得的に備えられています。しかしその生得的なプログラムは環境と無関係に発現するのではありません（大藪、２０１９）。排泄支援の場面でいえば、保育者が子どもの排泄のサインを読み取って、そこに意味づけを行い、声がけすることで、子どもは自身の体内感覚の意味に気づき、身体を自己コントロールするきっかけとし、保育者がそれを望んでいることや成功した時に心から喜んでくれて、誇らしく思ってくれているという気持ちに気づくのでしょう。ですから排泄支援で大切なことは単に汚れたおむつをきれいなおむつに交換することや、オマルや便器で排泄が成功したかどうかという結果に言及することだけではないのです。子どもと保育者の間で交わされるコミュニケーションがより重要であることがおわかりいただけたでしょうか。発達には「人」という環境の影響が大きいことは言うまでもありません。

保育者のサインの読み取りと体内感覚への共感

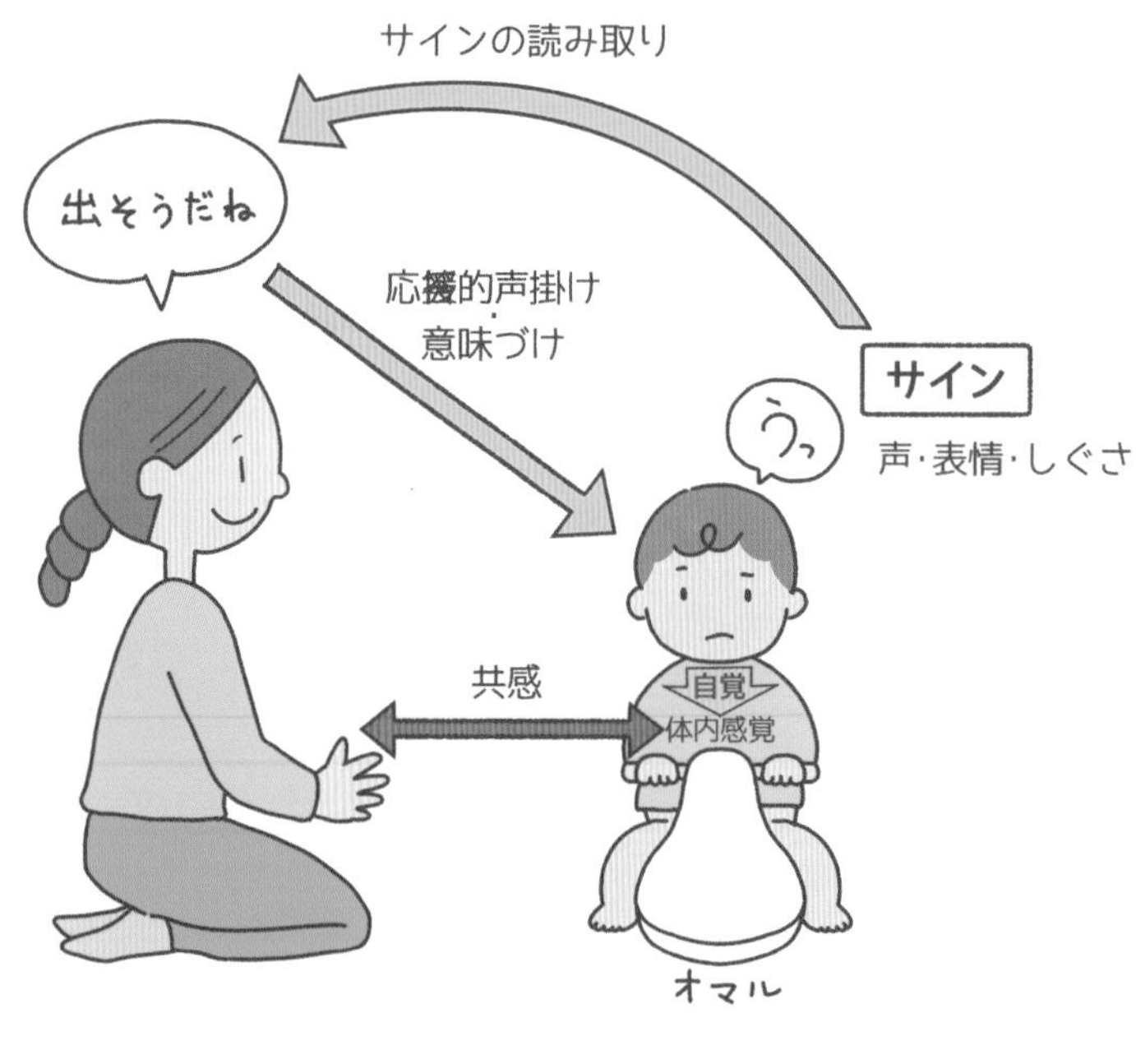

7 排泄の我慢の発達

　３歳以降になると保育者の手を離れ、子どもは自立的にトイレに行って用を足すようになります。尿意や便意を自分でコントロールできるようになり、自由遊びの時間にどのタイミングでトイレに行くか、大人に促されなくても自分で判断できるようになります。一方で、遊びに夢中になると排泄を我慢したり、羞恥心が芽生えて、園では排泄を敬遠したりする姿も見られるようになります。

　家庭でも保育園でも子どもの排泄が自立すると、親も保育者も子どもの排泄をほめたりすることは少なくなり、子どもの排泄そのものへの関心も薄くなってゆきます。しかし、ここでしっかり子どもたちに習慣づけてほしいことは排泄を我慢しないことです。特に排便の我慢は慢性便秘を発症するきっかけとなります。我慢しないためにもトイレがすぐ近くにあることは大きな環境要素となります。排泄を我慢することはよくないこと、排泄は恥ずかしいことではないことなどを幼児期に指導することは大変効果的です。

　村上（２００４）が小学生を対象に行った調査では、学校で排便を我慢する割合は男子では約４割、女子では約２割で、最近の調査ではさらに増えています。そして低学年から高学年になると我慢する子どもの割合が増加します。友達にのぞかれたり、何か言われたりすることが我慢の理由の一つになっています。特にこの傾向は男子の排便時に強く、「学校では排便するものではない」という暗黙の了解があるほどです。このような背景には「排泄」が臭くて汚い行為であり、みっともない行為であるという考えがあります。しかし、私たちは排泄せずに生命を維持することも健康に生きることもできません。他者を笑ったりする「からかい」は攻撃行動の一形態であり、３歳を過ぎるころから男児に多く見られるようになります。「からかい」には仲間同士の親密感を強くする効果もありますが、やりすぎると「いじめ」に発展します。程度を調節するためには当事者に社会的スキルが求められますが、排泄をみっともないと捉えるか、大切な行為として捉えるかによっても行動が変わってくるのではないでしょうか。幼児期はまだまだおおらかで、小学生のように冷やかしやいじめにつながることは少ないです。それどころか、幼児期の子どもはうんちのお話が大好きです。幼児期のうちに排泄の大切さ、気持ちよく排泄することの快適さを十分に理解できるように指導したいものです。

（おおわだ保育園世田谷豪徳寺：３歳クラス）

8 「恥ずかしさ」の発達

「恥ずかしさ」は環境によって芽生える

保育園や幼稚園のトイレをプランニングする際に「男子用と女子用を分けなくてよいのか?」というご質問を受けることがあります。詳しいデータはありませんが、おそらく分けているところはごく少数ではないかと思われます。分けるか分けないかは園の方針に沿って決めてよいと思いますが、分けないからといって羞恥心が育たないということはありません。

羞恥心は社会的なものであり、環境によってすぐに芽生え、一旦現れると元に戻ることは逆に難しくなります。とはいえ、幼児期の羞恥心はまだまだおおらかです。

例えば、ある園で古い園舎から新しい園舎に引越しをしました。旧園舎では3歳以上の子どもが使うトイレは男女の区別はなく大便器には扉もありませんでした（図4-4）。そのトイレでは5歳クラスの男女が連れ立ってトイレに来て、男児は小便器に向かい、女児は大便器に座り、共におしゃべりをしながら楽しそうに用を足す様子が見られました。どちらも恥ずかしがったり、隠したりする様子は全くなかったのです。それが、新園舎になって、大便器がブースで囲まれて扉もつけられると、瞬く間に恥ずかしさや性差を意識するような言動が現れました。新園舎のトイレで観察研究（村上、2003）を行った結果をご紹介します。まず図4-5のように2つの個室のうち片方に細工をして扉が閉まらないようにし、扉を開けたままで使用する開放ブースと、扉を閉めて使う閉鎖ブースを設定しました。すると3歳クラスの子どもは積極的に開放ブースを選択する傾向がありましたが、4、5歳クラスになると閉鎖ブースが空くまで待つなど、こだわる姿が見られました。男児も個室を使う際には閉鎖ブースにこだわる様子があり、大便の時は隠れたいと感じている可能性が考えられました。ただし、閉鎖ブースへのこだわりを持ちつつも、急いでいる時には開放ブースを使うなどの柔軟性もみられました。また幼児は、衣服の着脱のタイミングも実におおらかでパンツを下ろした状態で個室の前で順番を待ったり、用足し後もパンツを上げながら保育室に戻るなど、恥ずかしさよりも効率を重視する姿が認められました。一方で、閉鎖ブースにこだわる子どもは、ブースの中で衣服の着脱もしっかり済ませる傾向がありました。

旧園舎では個室がなかったので、「のぞき」が生起することはなかったのですが、新園舎では男児がふざけて女児の用足しを個室の上からのぞき、女児に「エッチ!」と言われて逆に顔を赤らめる場面や、個室を使おうとする男児に女児が「ここは女の子が入るところだよ」と指摘される場面が見られました。

幼児期における羞恥心は、「扉は閉めて使うもの」「人が入っているところはのぞかないもの」という社会規範とのズレによって生起する印象が強いですが、既に性差を意識し始めていると感じる場面もありました。

■図 4-4：旧園舎のトイレ
大便器ブースに扉がない

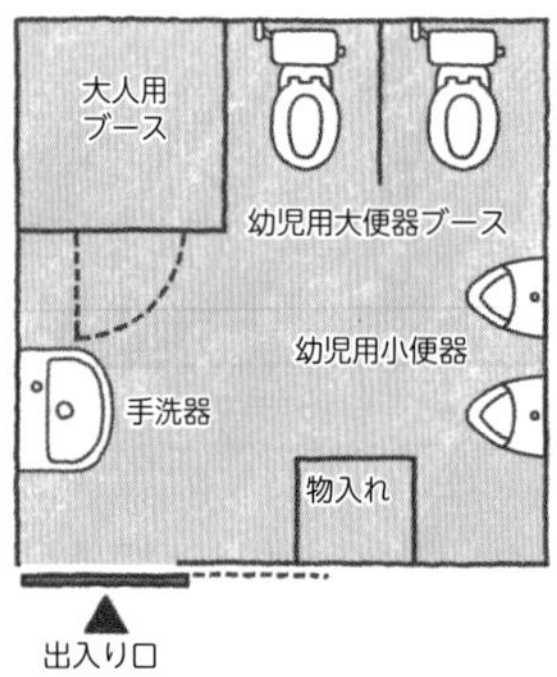

■図 4-5：新園舎のトイレ
大便器ブースに扉がある
★印は扉が閉まらないように固定した

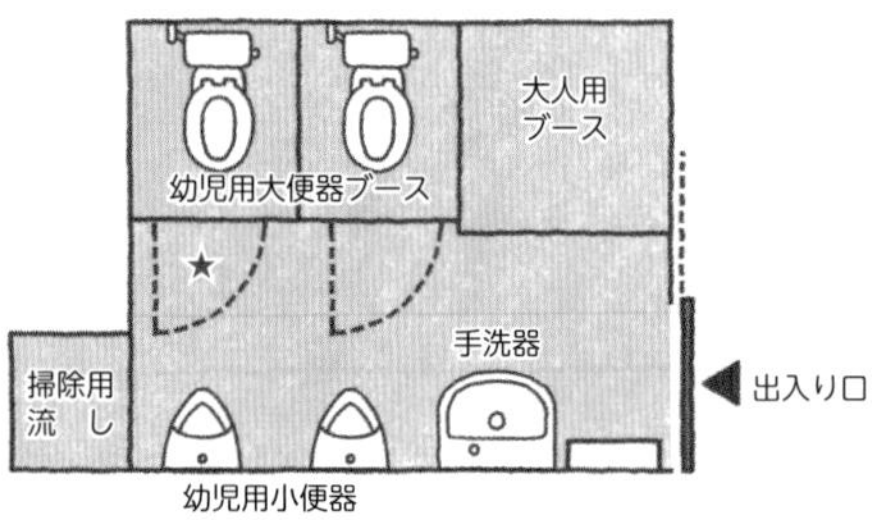

9 衛生感覚の発達

子どもがオマルや便器の中の水や排泄物に触れて遊びたがる姿を見て、慌てて止めることはよくあることですが、子どもは不潔さに関しておおらかというのかとても鈍感です。しかし、この鈍感さはたくましさでもあるといえるのではないでしょうか。トイレでの用足し行動を見ていると、子どもは自分の身体を安定させるためにあらゆるところを持って一生懸命安全を確保しようとします。大便器の縁を持ってまたがろうとしたり、小便器の端をつかんでしっかりと便器の前に立とうとします。大人の感覚では「不潔なところをつかんでいる！」とギョッとしてしまいますが、これを妨げてしまうと、子どもは自分で安全を確保することができなくなってしまいます。大人が穏やかに見守るためには手すりなどを設置するのも一策です。また、用足し後にしっかりと手洗いをする習慣をつけることも大切です。

スリッパに履き替えが必要なトイレの床へも、子どもは平気で裸足のままで入ってゆきます。たとえ床が濡れていてもお構いなしです。裸足で入るほうが早く、安全だからです。パンツやズボンを履くときも立ったまま履くよりは床に座った方が安定します。不潔な床に子どもが座ろうとすると大人は慌てて制止しますが、子どもなりに安全を考えての行動であるとも考えられます。子どもの行動はとても合理的です。これらの対策は、床を清潔に維持したり、パンツを脱いだり履いたりしやすいようにベンチなどを設置するなどが考えられます。

徐々に身体機能が成熟すれば、便器につかまらなくても安全に身体を安定させることができ、上手に衣服の着脱もできるようになり、立ったままでもズボンを履くことができるようになります（その前に服を全部脱がなくても便器に座れるようになりますね）。そのタイミングは子ども自身がよくわかっていて、自分で調整することができます。自分より発達の早い他児の様子を見て、自分の身体能力と相談しながら、上手にトイレで用が足せるようになってゆきます。そして、それが社会的な規範に則っているかどうかもちゃんと理解できているのです。発達とともに不潔なものに対する嫌悪感は徐々に強くなっていくので、本当にうまくできていると思います。

保育実践拝見

ひとりに一つのオマル ●こどものいえ認定こども園の排泄支援

1歳クラス＝定員16人

茨城県日立市にある「こどものいえ認定こども園」では1歳クラスの保育室内にオマルが人数分ずらりと並んでいます。どんな方法で排泄支援を行っているのか、前園長（現理事長）先生と園長先生にお話をお聞きしました。

10月になると人数分のオマルが並ぶ

1歳クラスでは5月頃はまだオマルの数は数台ですが10月になると人数分の台数が並びます。お子さんの様子にもよりますが在園期間が長い順にオマルに座り始めます。0歳クラスから在園しているお子さんは部屋の柵の向こう側から1歳クラスのお子さんがオマルを使って用を足しているのをいつもあこがれの気持ちで見てきているので、オマルで用が足せるようになるのも早いのです。

きっかけは子どもの健康管理のため

この方法を始めたきっかけはいくつかあって、まず一つ目は、昭和57年に認可外保育施設を自宅に開設した時に、保護者が家庭では使わないオマルを「使ってください」と持ってきたことが始まりです。

二つ目はお子さんの健康管理のためです。朝、お子さんの体温を測ると微熱があることがあるのですが、不思議とそういう子どもはおむつも濡れていないことが多いことに気がついたのです。お母さんに聞いてみると朝は忙しくて水分を飲ませないまま園に来て預けていくことがわかりました。それで、微熱があるときはまず水分を飲ませるということを始めたら、おむつが濡れ始めたのです。当時預かっていたお子さんの保護者は市役所に勤めていたり、学校の先生をしている人で、仕事を簡単に休めないという事情があって、何とかしなければという思いも発端になっています。そんなことから検温とおしっこの間隔を記録して調べてみようと思いました。そして、新しいおむつの準備をする間にオマルに座らせてみるようになりました。

私たちが喜んだりほめたりするのがよいと気づいた

■1歳クラスの年間の大まかな排泄支援のスケジュール

5月	●ゴールデンウィークが明けた頃から入園の早い順にオマルに座ってみる ●早い子どもは3か月間くらいでパンツに移行できる
6月～9月	●順番にオマルを使い始める
10月	●全員がオマルに座れるようになり、トイレを使い始める子どももいる
12月	●ほとんどの子どもがパンツに移行する

たまたまタイミングが合ってオマルでおしっこが出た子がいたのですが、その時はもう感動して、「おしっこが出た！うわぁ～すごい！」となりました。私がほめることで、子どももうれしくなって、1対1で距離が近くなりました。私たち

柵の手前は0歳児保育室です。0歳児クラスの頃から1歳児クラスの子どもがオマルで用を足す様子を見えるようにしています。

保育室にずらりと並んだオマル。

が喜んだりほめたりすることがよいのかなと気づいたんです。私たちが「出たー」と喜んだり、ほめたりして反応することで子どもの表情が嬉しそうになったり誇らしくなったりして、言葉も出やすくなるのを感じて、情緒面に影響することがわかってきて今まで続けてきました。だからおしっこやうんちを出すことが目的ではないのです。オマルをもらわなかったらやらなかったかもしれないのですけど。

オマルに座っての1対1のコミュニケーションが大事

出ても出なくてもよいと思っています。出なくてもオマルに座らせると、「ハイお待たせ」「おりこうさんだったね」「座っててくれてありがとう」と言葉をかけたり目線が合ったり、こういう1対1の会話がオマルで一日何回もできるでしょ。みんなほめてもらいたいのでおりこうさんに待っていてくれます。情緒面への影響が一番よかったと思います。そして発語が早いです。まずは「出た!」から始まって、「ちっち出たー」と二語文になっていきます。オマルに座っている間に「イ~チ、ニ~イ、サ~ン」って数えてあげると、そのうちにリズムに合わせてうなずくようになって、今度は自分から「イ~チ、ニ~イ、サ~ン」って言うようになって、たった一つのオマルからどんどん言葉が出てきます。大感動でした。自宅で自分の子どものように保育をしていたので、お母さんが迎えに来ても「ちょっと今日こうだったのよ」と感動を伝えたくなるし、お母さんも「そうなの!ありがとう!」って喜んでくれるから、子どももお母さんともそういうやりとりが大事だと思います。

始めるのは身体的なバランスが整ってから

自宅で保育を始めて最初にオマルを使っておしっこが出た子どもは1歳数か月だったと思います。今も預かってすぐのお子さんにはオマルを使いません。子どもの身体的なバランスが整ってからと考えています。歩くときの腕の位置が左右に広がっているときはまだ早くて、腕が下がって歩行がしっかりして「ヒト」になったなぁって感じたときに始めています。

まず午前中の2時間だけオマルを使ってみる

紙おむつが当時はまだとっても高価でした。高くてもったいないから、保護者に布おむつとトレーニングパンツを持ってきてもらって、午前中の2時間だけ使うことにしました。それに「気持ち悪さ」を教えたかったんです。子どもは濡れると手で布おむつを下ろそうとしますから、その時にオマルに座らせてみてオマルでもおしっこが出たら、おむつに出たのは直前ではなく、だいぶ前だということがわかります。おしっこが出てからしばらく経っていて、おしっこが冷えて冷たく感じたからおむつを下ろそうとしたんだなということがわかります。ということはもう少し早く誘ってあげたらオマルに間に合ったかもしれないということですよね。「気持ち悪かったの？」と聞くと、「うん」とうなずいたりできるし、「冷たかったよね」と言いながら気持ち悪いとか、気持ちいいという感覚も教えていきます。今もオマルを使い始めたらトレーニングパンツと布おむつを使っています。オマルを使うと、おむつの気持ち悪いという感覚を養うのにもちょうど都合がよいのです。

保護者に布おむつを持ってきてもらうときには、洗濯の仕方も教えてあげると「やってみよう」と思ってもらえます。

オマルの収納棚がトイレの中に設置されています。

専用のバケツを一つ準備してもらい、漂白剤を入れて一晩漬けておいてから水洗いして洗濯機に掛けるように手順を説明してあげると、そんなに苦に思わなくなるのではないかと思います。

夏の時期にトレーニングパンツを試すとよいとよく言いますけど、冬こそ濡れると冷たいので、子どもも気持ち悪さを感じやすく、教えやすいのではないかしらと思い、寒い時期でもやっています。

3歳でおむつが取れないまま入園してくる場合は？

3年間紙おむつの中で排泄してきたお子さんは、はじめはおむつを外す気がない子もいます。だから周りの子がみんなパンツを履いているのを見せて気づいてもらうしかないと思っています。子どもは「みんなと同じがいい」と思うと、自分からおむつを外そうとするのではないかしら。子どもは自分だけおむつをつけているのは恥ずかしいと思っているので「パンツにする？」と聞くと「うん」というので、「お漏らししてもいいんだよ〜」といいながらパンツを試してみるとできるようになります。だから、集団の中で生活するということは大切だなと思います。

オマルで毎回できるようになると、部屋の中にあるトイレ（便器）に座ってもよいことにしているんです。すると子どもたちはあこがれて今度はトイレを目指して頑張るようになります。用を足した後に手を洗うところまで教えてあげると、それを見ていた子は自分も手を洗ってみたいと思うようになっていきます。

パンツになったらあこがれのリュックサックへ

パンツになると園指定のリュックサックで登園することができます。子どもはリュックサックを背負うことにあこがれているので1歳クラスのうちにみんなパンツになってリュックサックで登園できるようになります。

リュックサックを初めて背負った子どもは、家でも背負ったままでいるほどで、お母さんも本当にうれしそうです。

おしっこと言葉は関連している気がする

０歳クラスから在園している子どもはずっと１歳クラスの子どもの様子を見ているので、オマルに座ってできるようになるのが早く、パンツに漏らさなくなるまでの期間も短いです。５月でオマルを使い始めると３か月くらいでパンツが濡れなくなります。パンツが濡れなくなると言葉がすらすら出るようになります。おしっこと言葉って何か関係しているのではないかしら。パンツになると、立って片足ずつパンツの穴に通すときに、保育者の肩をもって１対１で着せてもらうわけですから、自分だけに言葉をかけてもらっていることがわかっているし、待っている子どもも、だから待つことができます。次は自分が語られる番だと思って待っていると思います。

オマルでおしっこが出た時の感動は保育者にとっても大きく、本当にうれしいです。社交辞令で「よかったね～」と子どもに言うのとは全然違います。それを子どもも実感しているのでしょう。本気で喜んでくれているということをわかっていると思います。だから子どもの心の中に入るのだと思います。だから情緒面が第一で、おむつを取るのが目的ではないのです。

それは食事場面にもつながります。「お皿持ってね～」というとちゃんと持てます。ほめられたいという気持ちがいろんなところに出てきます。だから当園では排泄支援に一番力を入れています。

排泄支援の方法

1. オマルを使うときはだいたい 40 ～ 60 分間隔で使うようにしている。
   60 分間隔でオマルに座ったときにおむつが濡れていたら、次は少し時間を早めて、50 分後くらいにオマルに座ってみる。おむつが濡れていなければしばらく 50 分間隔で様子を見てみる。やはりおむつが濡れていたら、さらに間隔を短くして 40 分後くらいにオマルに座ってみる。
   おむつが濡れていてもオマルに出ることもある。オマルでおしっこができるとほめてもらえるので、子どもはオマルに座ったときに少しでも出そうとする。そこまでいかない子は「はい、次がんばろうね」と声掛けしておしまいにする。
2. 次は間隔が短い子から順番にオマルに座ってもらう。外遊びから部屋に帰るときも、オマルに早く座る順番でお部屋へもどる。
3. はじめは午前中の２時間だけオマルを使って行う（9 時から 11 時の間を目安に）。だんだん 9 時から 12 時半まで伸ばしていくが午後は行わない。
4. 最初の１か月は同じ先生の声掛けで行うように担当を決めている。
5. ３人の担任保育士で「間隔が短い子どもを中心に見る先生」「間隔が長い子どもを見る先生」「片づけをする先生」と分担を決め、１か月ごとにローテーションしている。
6. だんだんおしっこがためられるようになると、40 分が 45 分、45 分が 50 分になり、活動の切れ目まで持ちこたえられるようになる。保育者にほめてもらいたくてオマルに座ってから排泄しようと待てるようになる。
7. 記録がとても大切になる。記録表に都度記録し、それを基に次のタイミングを決めている。
8. 微熱があるかどうか、機嫌がよいかどうか、間隔がどうかなど総合的に考えて調整しながら進めている。子どもの機嫌が悪いときは無理をしない。
9. 担任同士で話し合って、目的を共有する。例えば前半は慣れるためにやろう、０歳クラスから在園する子はねらいを高くしよう、入園したばかりの子は少し様子を見よう、この子はもうおむつをはずそう、など毎月毎月話し合いを行う。

午前中はオマルを使って排泄します。

排泄表の記録のつけ方

記号の読み方

紙おむつだけを使用する時期	―	×		
	紙おむつに排尿なし	紙おむつに排尿あり		
布おむつとオマルを併用する時期	×―	―○	――	×○
	布おむつに排尿あり／オマルに排尿なし	布おむつに排尿なし／オマルに排尿あり	布おむつに排尿なし／オマルに排尿なし	布おむつに排尿あり／オマルに排尿あり

- おむつにおしっこが出ているときは「×」、出ていない時は「―」をつけ、オマルにおしっこが出たときは「○」、出ない時は「―」を記入する。
- 「－」が２つの場合はおしっこが出ていないという意味なので、水分を摂らせる。排泄表で健康管理もできる。
- 検温結果も記入する。微熱でも水分を摂らせるとすぐに熱が下がることもよくある。
- 朝は水分を飲ませないで登園することも多いために微熱があることもある。
- 名前の横に誕生日月を記しておくと発達の目安となる。
- ７時から登園している子どもは時間が経っているのでパンツに出てしまっていることも多い。
- ２歳クラスになると、今度は「トイレ」に座らせるときに記録をつける。パンツが濡れてしまったら、早めにトイレに促している。

たんぽぽ１　排泄表　**５月24日○曜日**

名前　誕生日月	朝検温	9：00	10：00	11：00	12：00	夕方検温	備考
○○○○　⑤	36.9	×―	――	×―	×		
△△△△　⑥	36.8	×―	―○	×―	×		
□□□□　⑥	36.9	―○	―○	×―	×	36.5	
○○○○　⑦	37.0→36.8	―	×	―	×	36.9	
□□□□　⑩	36.4	―	×	―	×	36.8	
○○○○　⑫	37.1→36.9	―	×	―	×	37.1 帰	
△△△△　①	37.0→36.8	―	×	―	×	37.1 帰	
□□□□　③	37.0→36.9	―	×	―	×	37.0	
○○○○　⑦	37.1→36.8	―	×	―	軟便		
△△△△　②	36.9	―	×	―	×		
□□□□　⑨	37.0→36.5	―	×	―	×	37.1	
□□□□　⑧	36.8	×―	×―	――	×	37.1	
○○○○　⑨	36.9	×―	×―	――		帰	
△△△△　⑨	37.0→36.8	×―	×―	――	×	帰	

５月はまだオマルを使っていない子が多い

たんぽぽ１　排泄表　**11月１日○曜日**

名前　誕生日月	朝検温	9：00	10：00	11：00	12：00	夕方検温	備考
○○○○　⑥	36.8	―○	―○	―○	――	37.1　帰	
△△△△　⑨	36.9	―○	―○	―○	―○	帰	
□□□□　⑤	37.0→36.8	×○	―○	×○	―○	36.7	
○○○○　⑦	36.7	×○	×○	×○	―○	36.7	
△△△△　⑥	37.0→37.0	―○	―○	―○	――	帰	
□□□□　⑧	37.2→37.2	×―	×○	×―	―○	36.9	
○○○○　⑨	36.8	×―	×○	×―	×―	36.5	
△△△△　⑩	37.0→36.7	―○	―○	×―	―○	36.7	
□□□□　①	36.8	――	×―	×○		37.0 帰	
○○○○　③	37.0→36.9	×―	×○	×○	―○	36.2	
△△△△　⑦	36.9	×―	×―	×―	――	帰	
□□□□　⑫	37.2→37.1	×―	――	×―	×―	36.5	
○○○○　⑦	36.9	×―	―○	×―		37.1→37.0	
△△△△　②	36.9	×○	×○	×○	―○	帰	
□□□□　⑨	36.8	×○	―○	×―	―○	36.7	

11月になると全員が布おむつとオマルを併用しており、おむつには出ずに、オマルで出る子が増える

コラム3

おむつ交換のタイミング

保育士を対象にしたアンケート調査(村上，2023)で、おむつ交換の主なタイミングについて聞いてみたところ、0 歳クラスでは「活動の節目に交換」しているという回答が 71.6%で圧倒的多数になりました。つまり、外遊びの後、食事の後、午睡の後などあらかじめタイミングを決めておむつを交換しているのが一般的なタイミングということになります。「子どもの様子を見て交換」するのはわずかに 9.5%でした。排泄のタイミングは子どもによってそれぞれであり、本来なら子どもの様子に合わせて交換することが望ましいと思われますが、集団保育の場では簡単ではないようです。

交換のタイミングの他に、回数との関係があります。タイミングが一斉でも、1 時間ごとに交換することができれば、「まだ出ていない子」「すでに出ている子」と、個々の子どもの排泄のタイミングを知ることはできるでしょう。子どものタイミングに寄りそうことができれば、オマルやトイレを効果的に併用することができそうです。

■ 0 歳クラスでのおむつ交換のタイミング

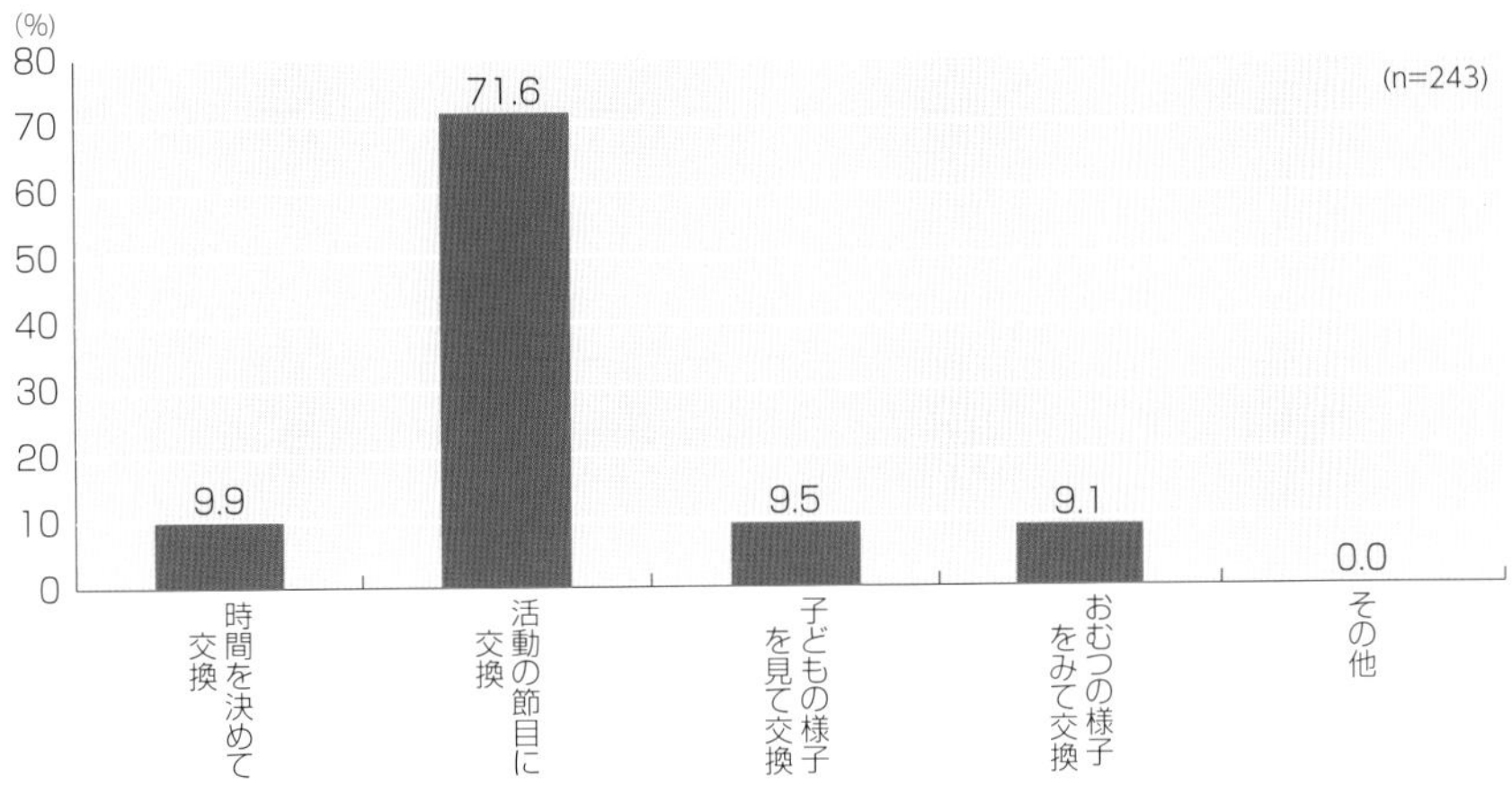

コラム4

排泄のサインは読み取れるか？

子どもがおむつに排泄したかどうか、また排泄しそうかどうかを保育者は保育中に子どものしぐさや表情から感じることができているのでしょうか？０歳クラスについて調査した結果（村上，2023）、「大便前」、「大便中」、「大便後」とも比較的「わかる」と答えた保育者が多いのですが、「小便前」については「わかる」と回答したのは３割にとどかず、「小便中」、「小便後」も「わからない」と回答した保育者は半数前後を占めました。排便の時は子どもが力んだり、顔が赤くなったり、においがするので比較的わかりやすいようですが、排尿時のサインは読み取りが難しいようです。

コラム３で述べたように、保育現場ではおむつ交換のタイミングをあらかじめ決めて行っていることが多いために個々の子どもの動きをじっくり観察したり、出そうなタイミングを探る必要性が低いからかもしれません。また子どものほうも、紙おむつの性能が向上して、気持ち悪さを感じないままおむつの中で排泄をするため、保育者も認識しづらいのかもしれません。

抱っこやおんぶなど、保育者と子どもが身体を密着させている環境では、子どもの微細な声や動きにも保育者は反応しやすいかもしれませんが、身体的にも離れた状態で一度に複数の子どもを見なければならない集団保育の場ではサインを受取ることもますます難しくなっているのでしょう。

■０歳クラスの保育中に子どものしぐさや表情から排泄の様子がわかる割合

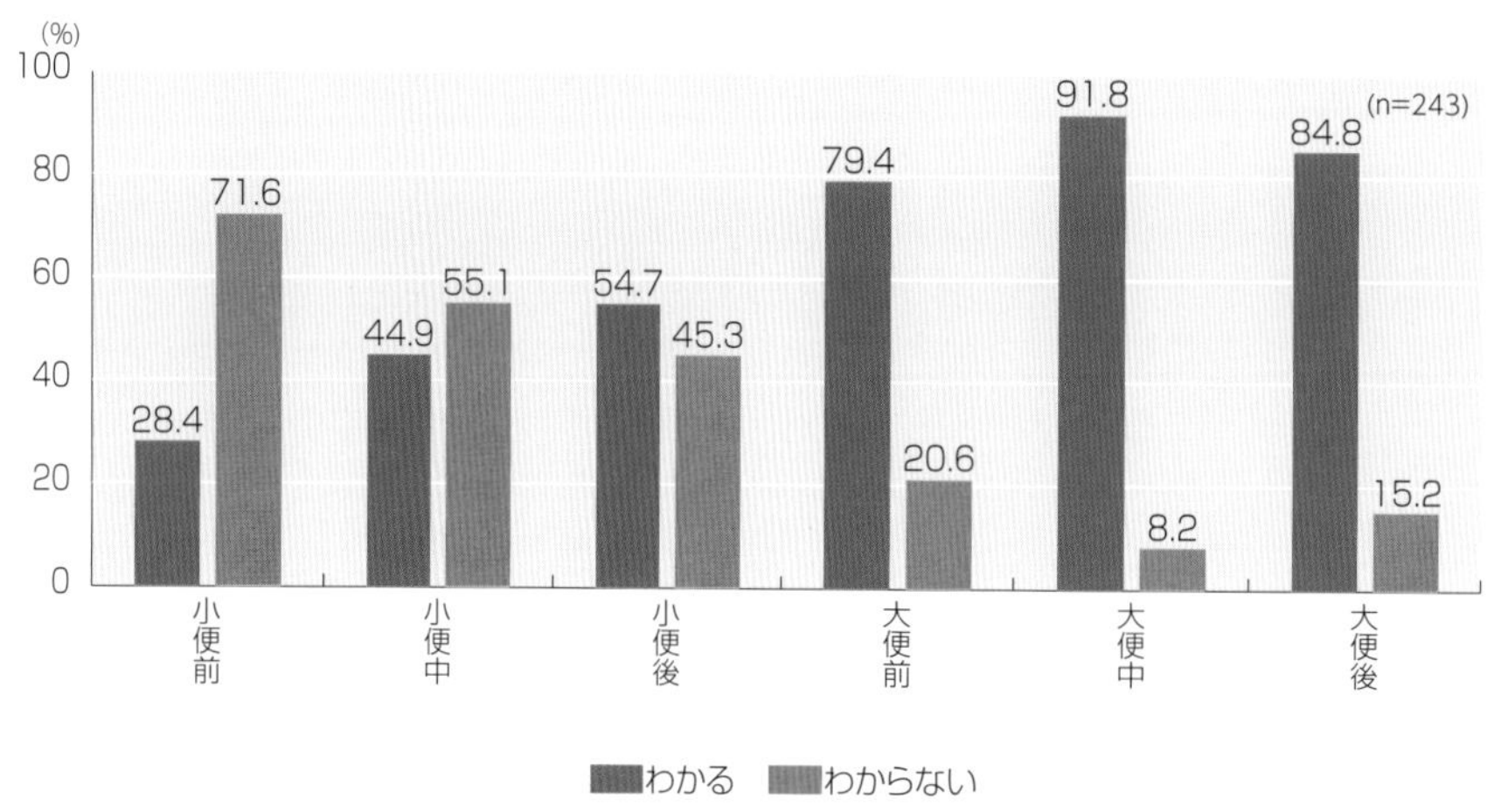

第5章

トイレ環境のチェックポイントと改善法

1 アクセスのしやすさ

トイレと保育室の境界

子どもがトイレにアクセスしやすくするためには扉などの障害物は極力ないほうがスムーズで、けがも少なくなりよいのですが、自治体や園の方針で扉をつけなければならないこともあります（特に保育室内にトイレを設ける場合）。

扉を設置する場合も、開口幅ができるだけ大きくなるようにプランニングするのもポイントの一つです。開口を大きく取ることで保育室との一体感や連続性を演出でき、子どもたちもトイレに入りやすくなるからです。

必要に応じて開閉する

年齢や場面によっては、扉を開いたままで使用するほうが使いやすいことも多いです。

扉を開け放しておくと子どもがトイレにアクセスしやすくなるほか、トイレの外と内でアイコンタクトが取りやすくなるということも大きな利点です。特に３歳未満の子どもが使う場合は、このアイコンタクトを取れる環境が大切です。３歳以上の子どもでは、ある程度のプライバシーを確保する必要があ

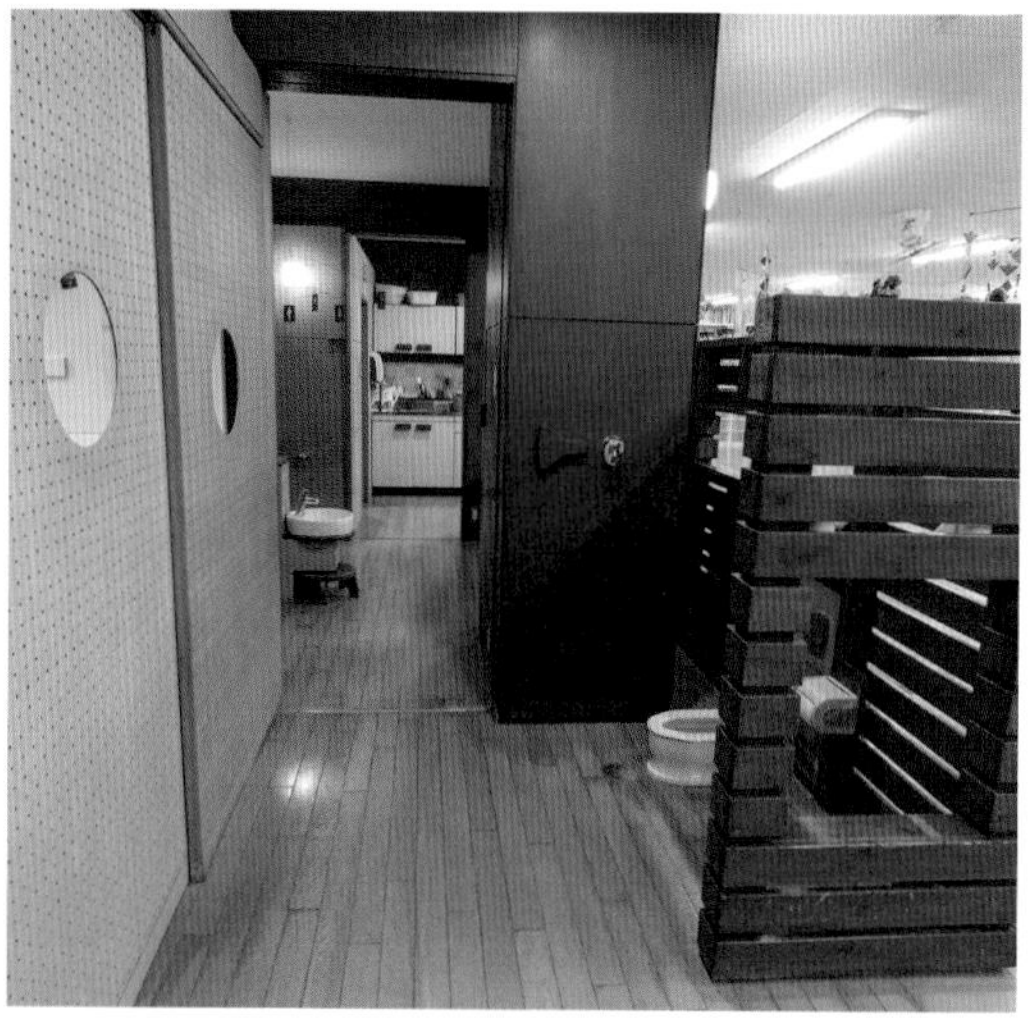

扉を閉めた時（左）、扉を開放した時（右）。（おおわだ保育園：1・2 歳クラス）
このトイレでは扉の前にもトイレとオマルコーナーを設置して１歳クラスの月齢の低い子どもに対応しています。

扉を閉めればトイレと保育室が区画され（左）、扉を開けると大きな開口ができ、保育室と連続した空間のように出入りができます。4・5歳クラスになっても「入りやすさ」は大切です。（おおわだ保育園世田谷豪徳寺 ：4・5 歳クラス）

りますが、まったく気配がわからない環境では逆に不安が生じることもあり、バランスよくプランニングする必要があります。

　扉を開いてる時は大きく開き、閉じた時はしっかり区切ることができるとよいと思います。

大人動線と子ども動線を分けると使いやすく、安全性も高まる

　子どもがトイレに行くのを保育者が安心して見守るためには、トイレ内の安全性が確保されていることが前提となります。危険な要因とは、主に汚物流しや洗濯機・乾燥機やバケツ、掃除機など、子どもがトイレで使うものとは関係ないものがトイレの中に置かれていることを指します。これらはトイレとひとまとめにして設置されることも多いのですが、トイレは子どもの排泄のためだけの機能に限定するとすっきりして、なおかつ安全です。

　トイレという「部屋」の中で子どもは自分の排泄感覚と向き合って自立してゆきます。そこに保育者とのコミュニケーションが加わりますが、保育者がゆったりした気持ちで見守ることができる環境では指示語も少なくなるのです。子どもも大人も気持ちよいと感じるトイレ環境をめざしたいものです。

　ユーティリティ関係の機能をトイレから分離すると子どもに触ってほしくないものがト

子ども用トイレの横に配置されたユーティリティコーナー。おむつ交換を行うスペースとも隣接させて、汚物処理の動線を短くしています。右の写真はユーティリティコーナーの扉を閉めたところ。（おおわだ保育園：１・２歳クラス）

おおわだ保育園：１・２歳クラス（改修前）

浦和ひなどり保育園：１・２歳クラス（改修前）

トイレに水まわりのものを何でも集めるのはNG

子ども用トイレの中に洗濯機や汚物流しを一緒に配置している例。給排水設備設計の一般的な考え方ではこのように水回りの機器を一括して配置するのが効率がよいのですが、乳幼児や保育者の使い勝手を考えるとそうとは限りません。なぜならトイレは「設備室」ではなく、排泄を行う「部屋」として考えるべきだと思うからです。

イレから消え、大人も作業がしやすくなります。

床の材質もアクセスのしやすさに影響する

古い園舎ではトイレの床にタイルが使われているところもあります。タイルの床はもともと水洗い清掃を行うためのものです。和式便器が主流だった時代には便器周りの汚物を除去するために水洗いが必要であり、そのためにトイレ用のサンダルへの履き替えも必須でした。しかし、現在はほとんどが洋式便器に変わり、その必要性もなくなりました。特に3歳未満の子どもでは履き替えがあることによってアクセシビリティが悪くなってしまいます。思い切って廃止してみるのもよいと思います。

トイレで使用できる床材には、タイル以外に、長尺ビニールシート（塩化ビニールなど）、リノリウム（天然素材由来）、木質フローリング材などがあります。特に3歳未満の子どもが使うトイレでは、裸足で歩いたり、床に座ったり、手をついたりすることも多いので、肌触りのよさや見た目の快適さを大切に考えると木質フローリング材をお勧めします。少し前まではトイレの床をフローリングにして大丈夫か？と心配する声も多かったのですが、最近はよく見かけるようになりました。気持ちのよい床にすると、子どもだけでなく保育者も床に座ってゆっくり子どもを見守

小便器の下だけ耐薬品性、耐水性に優れた材質を施しています。（左＝おおわだ保育園：3～5歳クラス、右＝やまた幼稚園：3歳クラス）

床が気持ちよいと保育者もゆったりと座って子どもと向き合えます。（多摩川保育園）

ることができます。

しかし、木材など天然素材を使った床材は水に強いかというとそうではありません。そのため、ワックスを定期的に塗るなどのメンテナンスが必要になります。これは保育室の床のメンテナンスと同様です。ここで気をつけたいのは小便器周りです。小便器の周りはどうしても尿がこぼれやすいので、こまめに拭くなどの清掃が必要です。そして、やはり木質フローリングはタイルなどに比べると傷みやすいので、小便器の周りだけは耐久性の強いタイルや長尺ビニールシートを施すとよいです。洗剤や消毒液なども使う頻度が高くなるので、耐薬品性に優れているものを選びましょう。

新しいトイレなのにトイレがくさいと感じる場合は、ほとんどが小便器周りにこぼれた尿が原因です。そういうときのにおいはアンモニア系です。とても細かい話になりますが、タイルの目地などにしみ込んだ尿は蓄積すると強い悪臭を放ちます。特に小便器周りに床材を貼るときには目地や継ぎ目が便器の正面に来ないように施工するとにおい対策に有効です。

また、地域の小学校のトイレに和式便器が多い場合など、練習用に園のトイレに和式便器をあえて残しているところがありますが、小便器同様に和式便器も周囲に尿がこぼれやすく、それが悪臭の原因になりやすいため、こまめに掃除を行うことが重要です。

豆知識

ワックスについて

木床、長尺ビニールシート、リノリウムなどの床材は定期的にワックス（保護材）を塗るといつまでもきれいに使えます。ワックスによって塗膜ができるので床材そのものを守ります。ワックスの他にコーティング等さまざまな保護材があり、耐久性やコストも違います。水性ワックスは職員の方にも簡単に塗れて、コストも手ごろですが、年に１～２回は塗る必要があります。コーティングは専門業者に依頼して塗りますので、コストはかかりますが耐久性があり、数年～10年に１回の塗り替えで済みます。

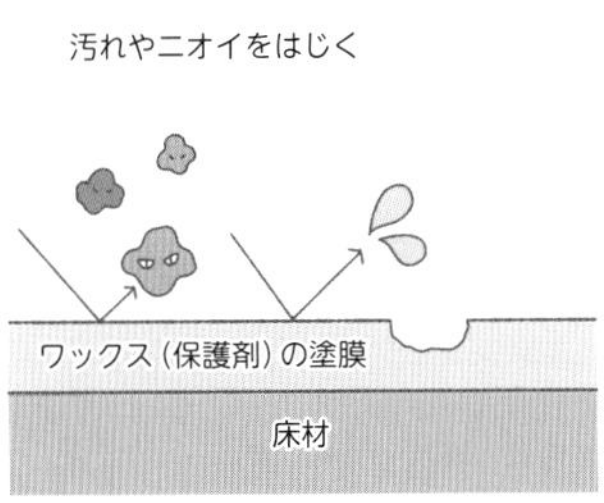

床に座ってゆっくり服を着ます。（おおわだ保育園世田谷豪徳寺：1・2歳クラス）

2 トイレの内と外でのコミュニケーションの取りやすさを大切に

アイコンタクトのための工夫

壁や扉がなければ、どこからでもアイコンタクトを取ることができますが、壁をつけなくてはならない条件の下では窓や開口を取ることで子どもと保育者が互いに目を合わせやすく、安心感を得ることができます。

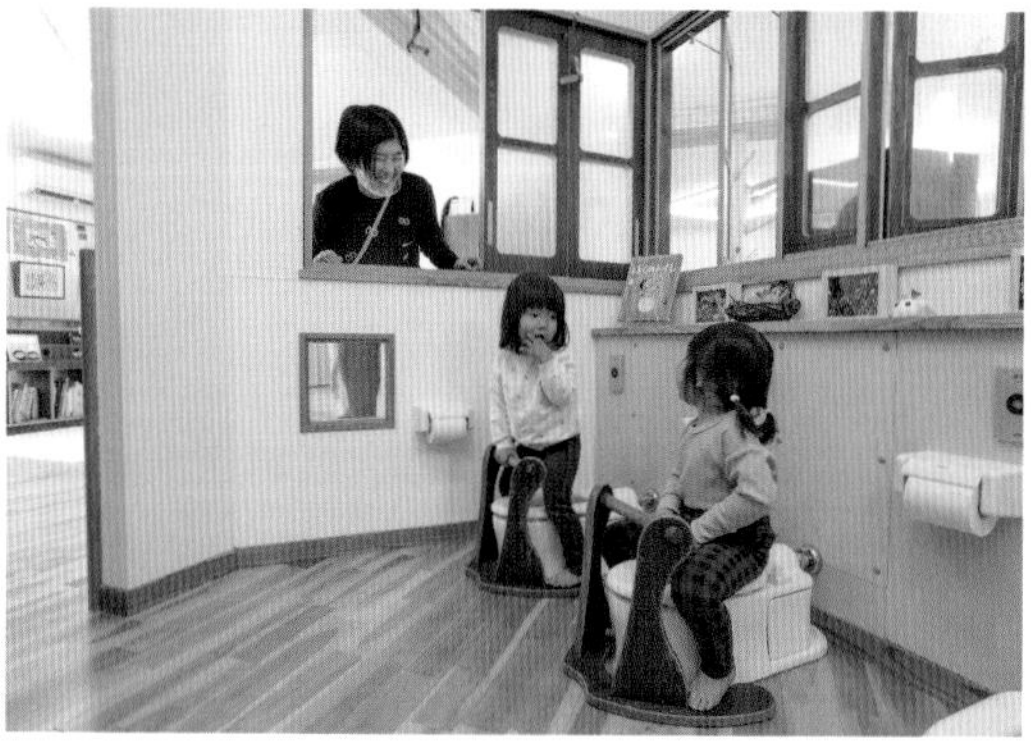

開けたり閉めたり自由自在

窓を状況に応じて閉めたり、開けたり、また取り外すことができるようにしておくことも、コミュニケーションを取りやすくする方法の一つです。

この写真では腰壁にのぞき窓もつけています。壁の外側で座って子どもの着替えを手伝う保育者が、座ったままでもトイレの中の様子がわかるようにしています（右）。（すべて、おおわだ保育園世田谷豪徳寺：1・2 歳クラス）

見ていて欲しいけど、隠れたりもしたい

子どもだけのトイレの中をそっと覗いてみると、何やら楽しそうに 3 人で話していました。隙間だらけのトイレなので、いつでも大人と視線を合わせることができますが、あえて視線から逃れて子どもだけの世界を楽しむこともあるのです。（おおわだ保育園：1·2 歳クラス）

3 子どもの使い勝手を考えて安全を確保する

機器類を隠す

特に３歳未満の子どもが使うトイレでは便器への移乗の際に、よろけた拍子にフラッシュバルブなどに顔や頭をぶつけることも少なくありません。標準的な施工方法ではありませんが金具類を隠すと安全で室内の雰囲気もとても柔らかくなります。

フラッシュバルブを家具の中に隠し、レバーだけを出した例。（おおわだ保育園：０歳クラス）

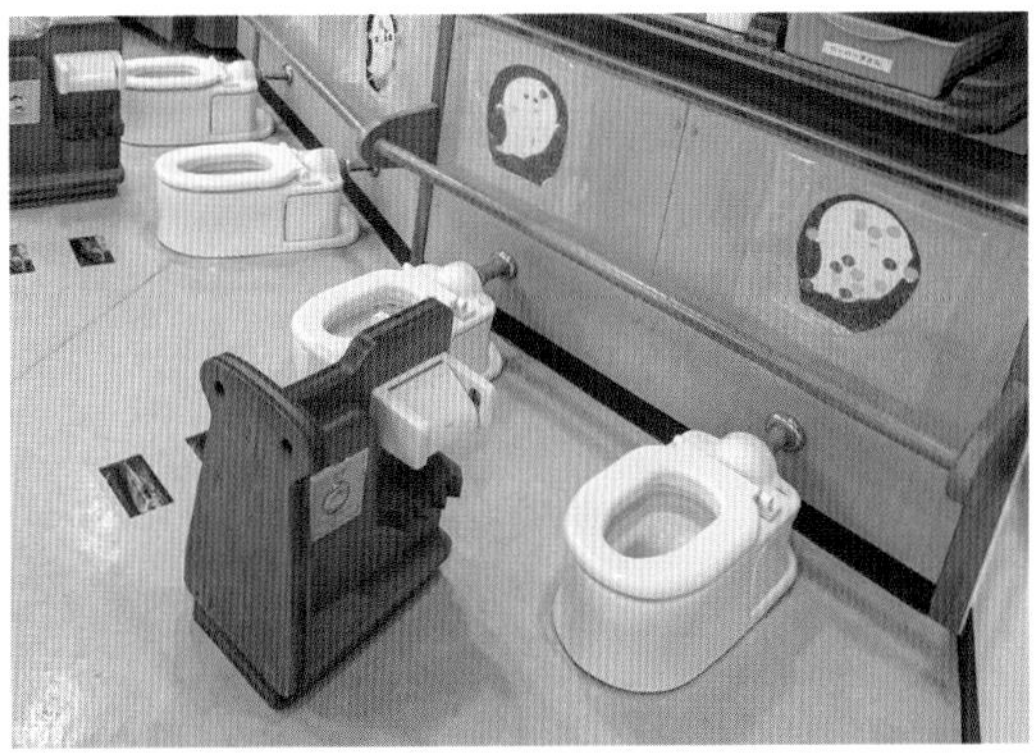

リモコン式の洗浄ボタンにして本体のフラッシュバルブをライニング（配管スペース）の中に隠しています。（左＝松原保育園：1･2歳クラス、右＝浦和ひなどり保育園：０・１歳クラス）

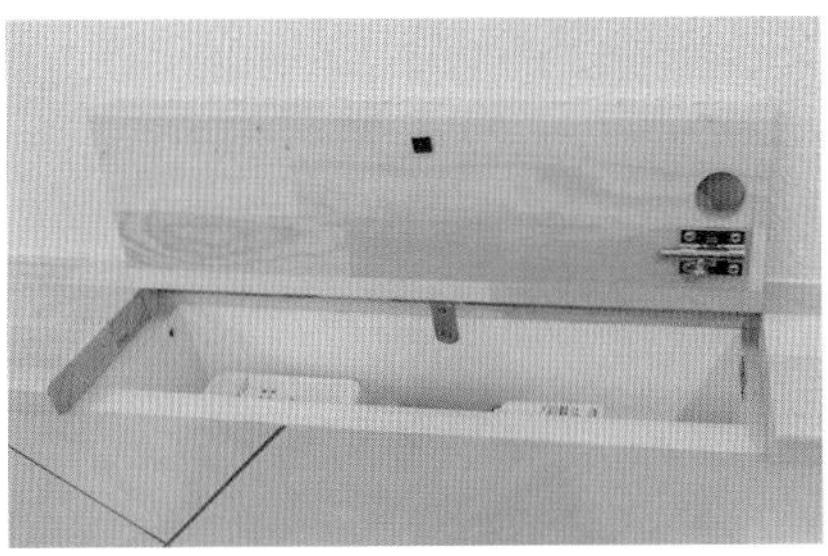

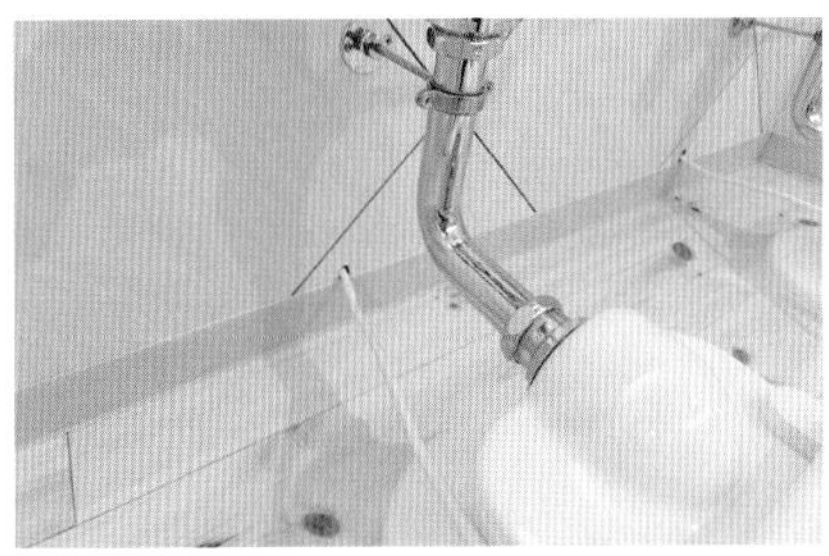

暖房便座のコントローラーなどをライニングの中に設置して、子どもが触ったり、ひっかけたりしないようにしています。（多摩川保育園：1･2歳クラス）

4 清潔なトイレは子どもを安心して見守れる

鏡を拭くのも忘れずに。子どもは鏡を見るのが大好きです。手を洗いながら、歯を磨きながらじっと鏡を見ています。

水拭きしたあと必要に応じて乾拭きします。

便器周りなど気になる部分は消毒液で拭いて仕上げます。特に下痢の時などは便器周りに便の飛沫が付着することがあるので、都度消毒液で拭きます。

汚れやすい小便器の近くには雑巾をたくさん用意しておくと便利です。

小便器周りも清掃時間にかかわらず、尿がこぼれているのに気がついたら都度拭きます。（すべて、おおわだ保育園：1・2 歳クラス）

オープントイレの清掃方法

トイレの床材が木質フローリング材や長尺ビニールシートの場合は、家庭のトイレの清掃方法とほぼ同じです。

①便器の中の洗浄（汚れがひどくない場合は中性洗剤で、ひどい場合は適宜、酸性洗剤を使用する）

②床面を中性洗剤で拭く→水拭きする→場合によっては乾拭きする

③便器周りの床面を消毒する（次亜塩素酸ナトリウム希釈液0・05％など）

特に下痢の時などは便器周りに便の飛沫が付着することがあるので、都度、消毒液で拭く。

④小便器周りは尿がこぼれやすいので、こぼれていたら都度拭き取る。尿は出たばかりの時は無菌だが、放っておくと雑菌が繁殖しアンモニア臭を発生させる。小便器の近くに予め何枚か雑巾を置いておくとよい。

洗剤について

子ども用のトイレでは便器の汚れはそんなに大したことはありません。排泄物による汚れはブラッシングだけでも落とすことができます。洗剤を使うとしたら食器用洗剤などの中性洗剤を薄めて使う程度で十分です。薄めた食器用洗剤は便器にも床にも使えますので、あらかじめ作ってボトルにいれておくと便利です。使用後は洗剤分が残らないように水洗い、水拭きを行ってください。

便器全体にサビたような色が着くのは、水質の問題が考えられます。水中の鉄分などが多いと便器が黄色くなります。これは洗剤や薬剤では除去できません。

トイレ用の酸性洗剤を使うときは必ず原液のまま使います。便器内に溜まっている水も一旦スポイトなどで吸い出してから使用するとより効果が上がります。汚れが目立つときだけの使用で十分です。また酸性洗剤は金具部分や床材には使用してはなりません。金具の腐食の原因になります。

次亜塩素酸ナトリウムは保育施設では消毒目的でよく使いますが、トイレの掃除に用いるときは0・05％程度に薄めて使います。トイレ用の酸性洗剤と混ざると塩素が発生して大変危険です。その意味でも普段の酸性洗剤の使用は控えたほうがよいでしょう。また次亜塩素酸ナトリウムの希釈液は作り置きすると効果がなくなりますので、都度作って使いましょう。

消毒を目的にアルコールを使用する場合がありますが、便座などの樹脂部分や床材のワックスはアルコールに耐性がありません（一部耐アルコール性のワックスもあります）ので、トイレには向いていないと考えたほうがよいでしょう。

洗剤の種類	使い方	用　途
中性洗剤	薄めて使用し、洗剤分が残らないように水洗い、水拭きを行う。	便器、手洗い器、床
トイレ用酸性洗剤	原液のまま使用し、よく洗い流す	便器のみ（汚れのひどい時）
次亜塩素酸ナトリウム	0.05％に薄めて使用し、作り置きはしない	便器周りの床
アルコール消毒液	トイレには使用しない	

においの原因

「トイレをオープンにしてにおいの心配はないのか?」という質問はよく受けます。トイレのにおいの原因は大きく3つに分かれます。❶**古い型番の便器を使っている場合**、❷**床の排水口のにおい止めがうまく機能していない場合**、❸**便器周りの床や壁に排泄物が付着している場合**です。

❶が原因の場合はその便器を使い続ける限りにおいを止めることはできないので、新しいものと交換するしか方法はありません。対策しないまま換気扇を回しても便器の中から下水の臭気を吸い上げるだけで、ますます臭くなるだけなのです。新しい型番の便器は下水からのにおいをシャットアウトする構造になっているので便器から悪臭が発生することはまずありません。20年以上使っている幼児用便器は下水からのにおいをシャットアウトする構造になっていない可能性があるので確かめてみるとよいと思います。

❷が原因の場合は、床排水口の目皿を開けてみるとすぐにわかります。床排水口のしくみはトラップ構造になっていてそこに水がたまっていることで下水からのにおいを防いでいます。このトラップに水がたまっていなかったり、パーツが欠損していたり、破損していると臭気を正常に防止することができません。パーツが正常にそろっていて水が蒸発しているだけなら、コップ一杯の水を足してあげるだけでにおいはピタッと止まります。水が不足してしまう理由として考えられるのは本来水洗い清掃を前提に考えられていたのに水洗いをしなくなった場合などです。パーツが欠損している場合はそれを正しくそろ

❶古いタイプの便器が設置されている

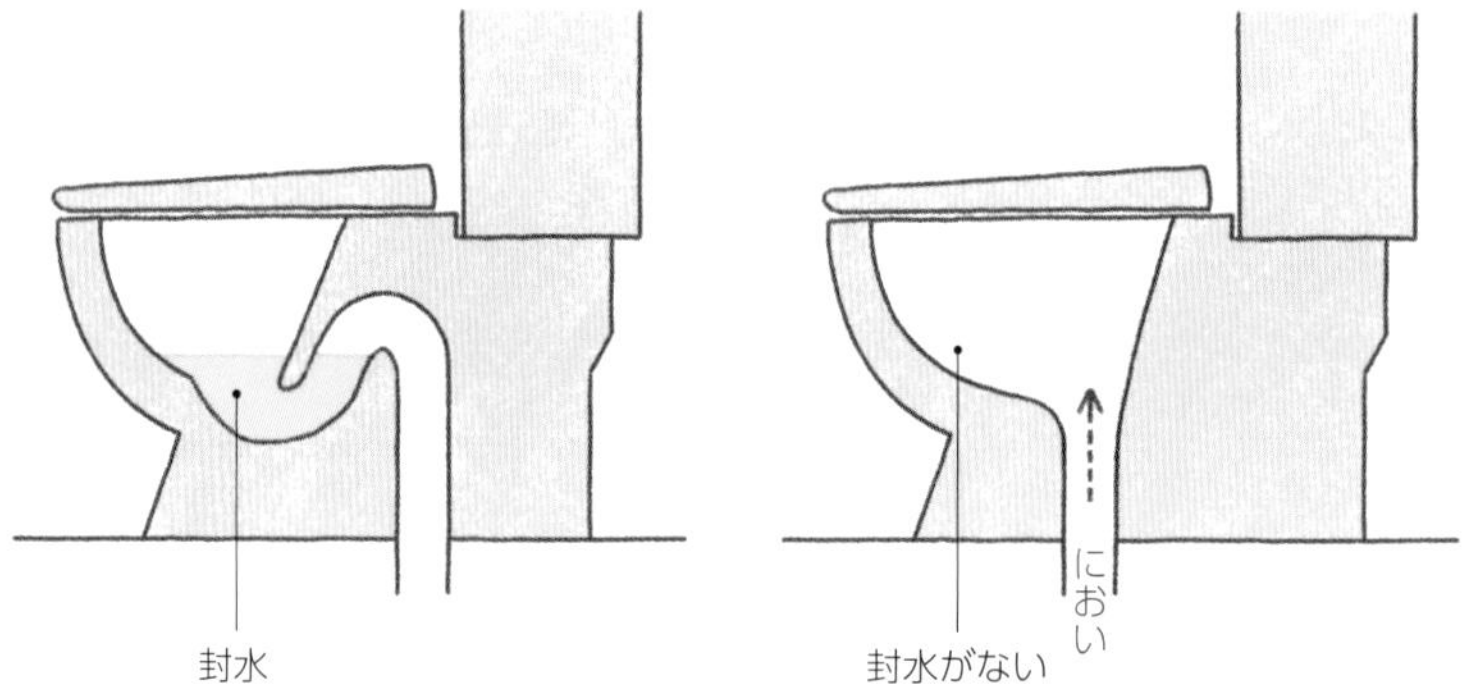

新しい便器
便器にトラップ構造があるので封水によって下水のにおいが室内に広がりません。

古い便器
便器にトラップがないか、下のほうにあるので下水のにおいが室内へ広がります。

❷床の排水口のにおい防止機能(トラップ)が正常に働いていない

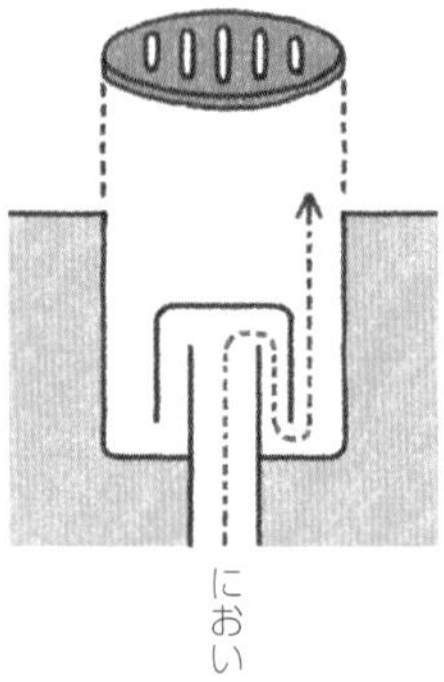

水が切れている状態
長い間水を流さないままにしていると、封水が蒸発してにおい防止機能が働きません。

えることでにおいは止まります。

❸は便器周りをこまめに掃除して清潔に保っておくことで解消しますが、タイルの目地などに蓄積した汚れは取れにくい場合もあり、それがにおいの原因となっていることが多いです。

豆知識

もしも便器が詰まったら？ ラバーカップは引いて使う

軽い詰まりなら、ラバーカップを使って解消することができます。ラバーカップをトラップに当て、ゆっくり押し込みます（真空にする）。そして勢いよく引き上げます（溜水を引き抜くように）。何度か繰り返し、様子を見ます。引くときに勢いをつけるのがポイントです。押し込むときに力強く押すと、詰まっているものが、ますます奥へと押し込まれてしまいます。

ゆっくり押し込み
すばやく引きあげましょう

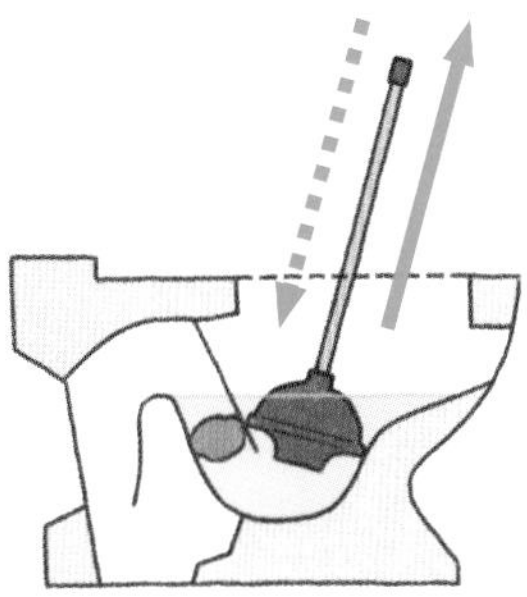

❸便器周りの排せつ物による汚れ

和式便器の周りの床にこぼれた尿や便

小便器の周りの床や壁に飛び散った尿

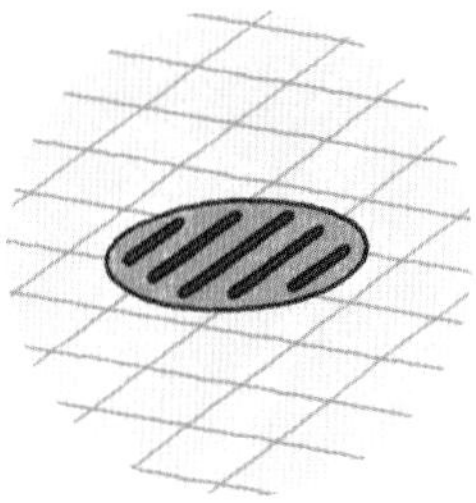

床排水口

タイルの床の場合に設置されていることが多い

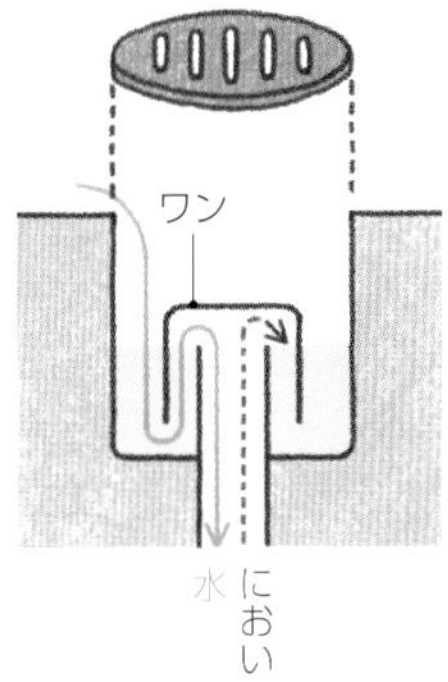

正常なトラップの状態

ワンがトラップの中にあり、水がたまっている状態。水は下水へ流れていくが、においは室内へ上がってこないしくみです。

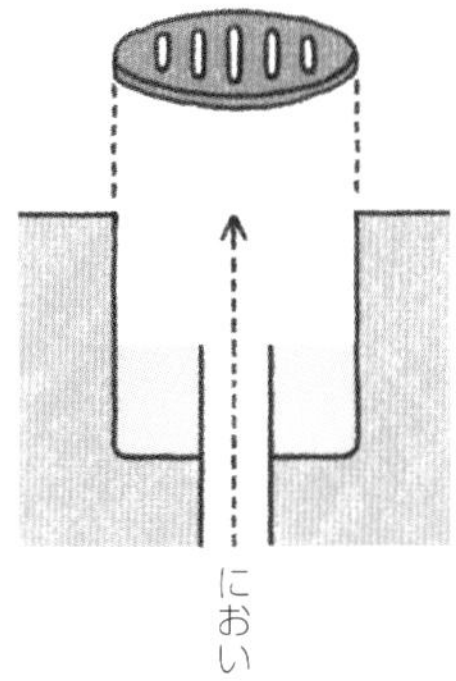

パーツがない状態

ワンが欠損しているため、におい防止機能が働いていません。

【110・111 ページの参考文献】
日本トイレ協会メンテナンス研究会『トイレメンテナンスマニュアル』日本トイレ協会メンテナンス研究会，1997

汚物流しは各部屋に1か所が理想的

汚物流しは３歳未満クラスにはもちろん、嘔吐の処理のことを考えるとそれぞれのクラスにも設置したい設備です。壁掛け式のものは比較的コンパクトで設置を検討しやすいです。乳児室ではおむつ交換を行うスペースのすぐ近くにあると動線が短くなり衛生的です。

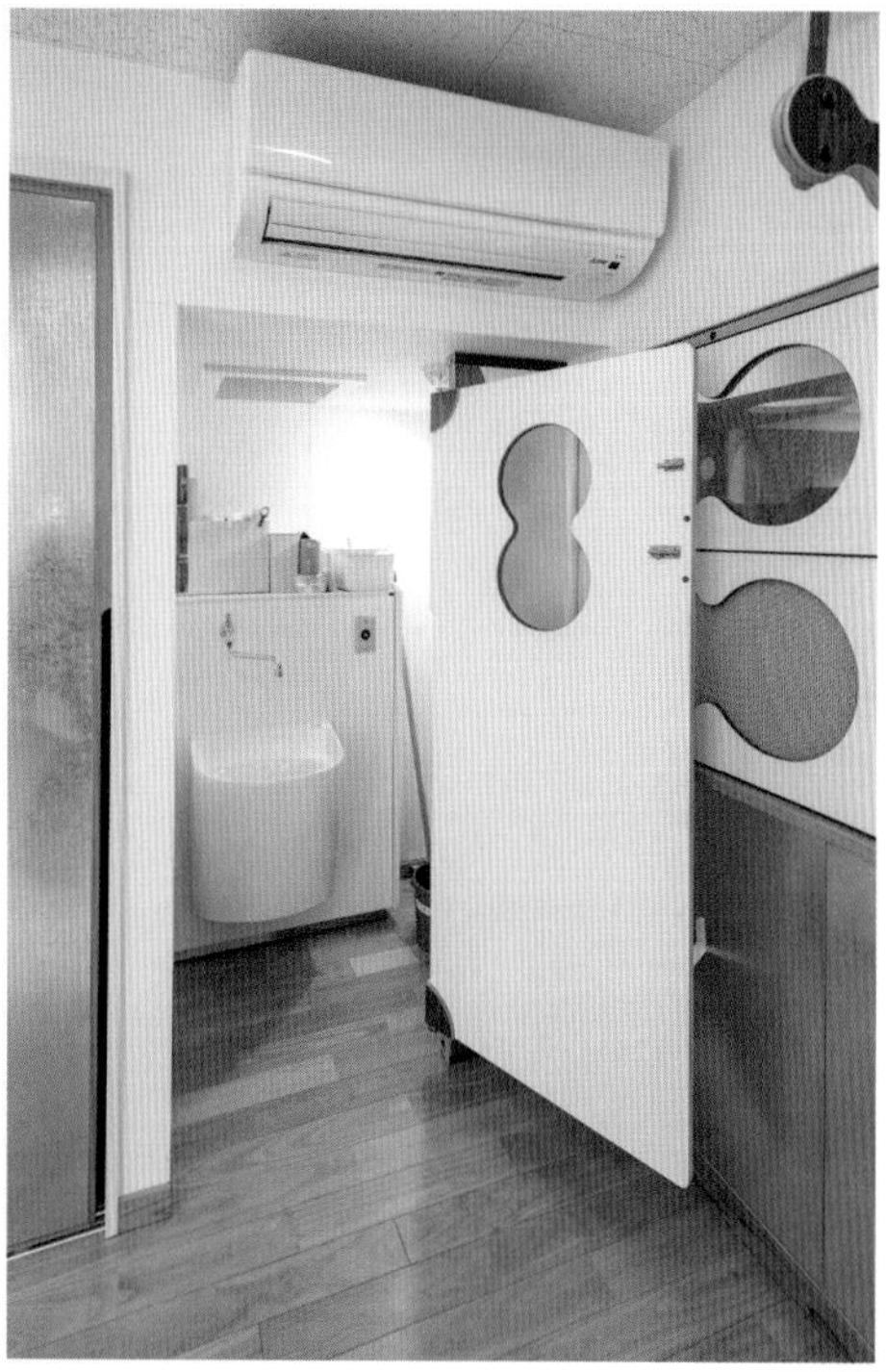

用具庫の中に汚物流しを設置した例。扉を閉めれば子どもたちが触れることはありません。（おおわだ保育園世田谷豪徳寺：4・5歳クラス）

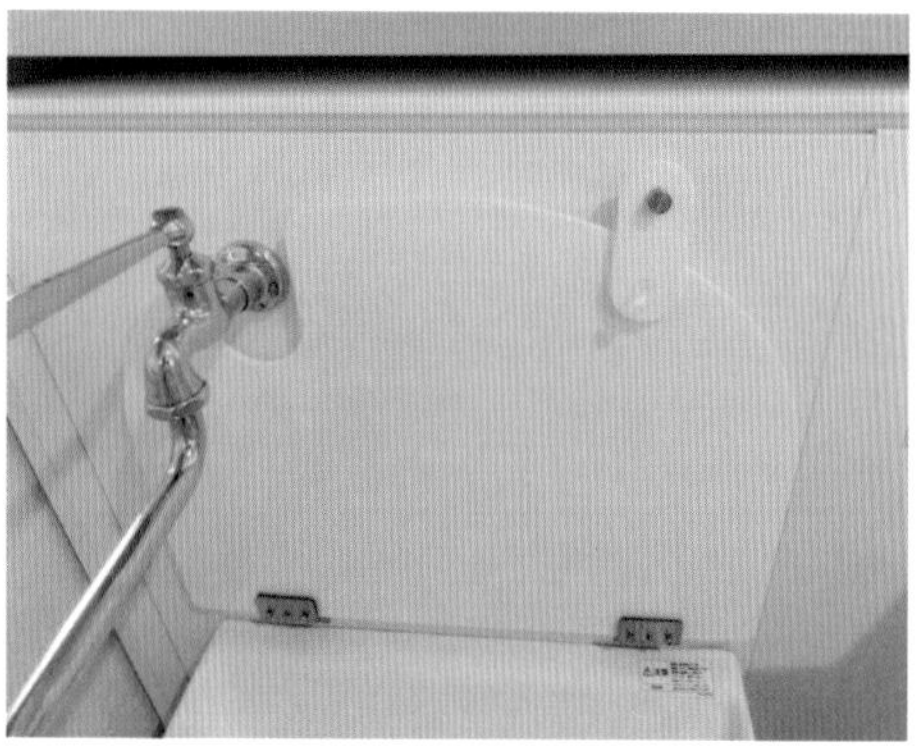

汚物流しの蓋。ここでは汚物流しをトイレの中に設置しています。そのため子どもが触らないように蓋をつけています。（多摩川保育園：1･2歳クラス）

清掃用具入れ

トイレの中に清掃用具入れを設置する場合は、子どもの手に触れないようにする必要があります。トイレの中に用具入れがあると、汚れを見つけた時にすぐ掃除できることが利点です。

トイレを気持ちよく使うためには、床面を清潔に保つことがポイントになります。いつも小まめに掃除ができるようなしくみにしておくことが大切です。

トイレの奥を区画してつくった清掃用具入れ（やまた幼稚園：3歳クラス）

柱型に沿ったデザインで清掃用具入れを確保しています。奥行 200mm 程度の収納ですが、基本的な清掃用具を入れるには充分です。（おおわだ保育園：1･2歳クラス）

5 手洗い

乳児だって立派に手を洗います

0歳児には0歳児の身長に合った手洗い設備を準備してあげると、子どもにとっても安全で、保育者にも負担が少ない環境となります。

衛生機器メーカーや幼児用品の商社が扱っている幼児用洗面器は下台が付属しているものが多く、0歳、1歳クラスの子どもが使える高さのものは選択肢が少ないので、大人用に開発されている器具の中から小さめのものを選んで高さを低く設置するとよいでしょう。排水管のスペースを詰めれば380㎜程度の高さまで低くすることができます。

メーカーの幼児用手洗器は蛇口が2～3つ取り付けられた長い流しが多いのですが、蛇口が一つずつ付いた器具を複数つける方法にもメリットはあります。器具ごとに高さを変えることもできますし、保育者が子どもの手洗いを支援するときに、後方からも横からもサポートできるからです。

ただし、子ども用だからといって小さすぎるものを選んでしまうと、手洗器の外に

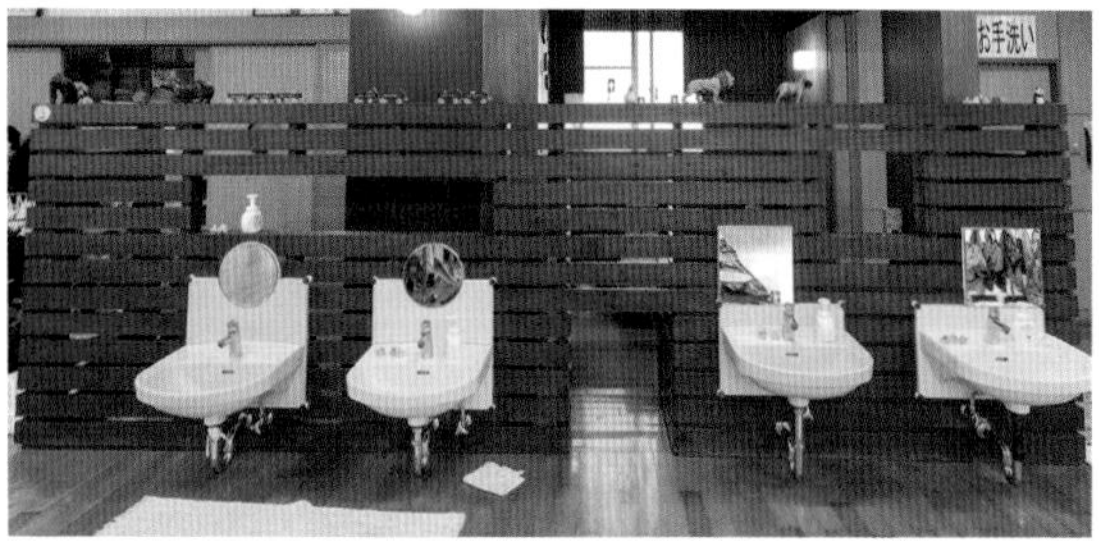

利用年齢の幅が広い場合は、高さを変えて器具を設置するとよいでしょう。右側２つの手洗い器は左側２つよりも高くしています。ただ月齢の低い子どもでも、高い方の器具を使いたがるところがおもしろいです。

つかまり立ちができるようになると、どんどん興味を示して使ってみようと意欲を示します。０歳クラスでも「じぶんで！洗いたい！」という意識はすぐに芽生えます。（おおわだ保育園：０歳クラス）

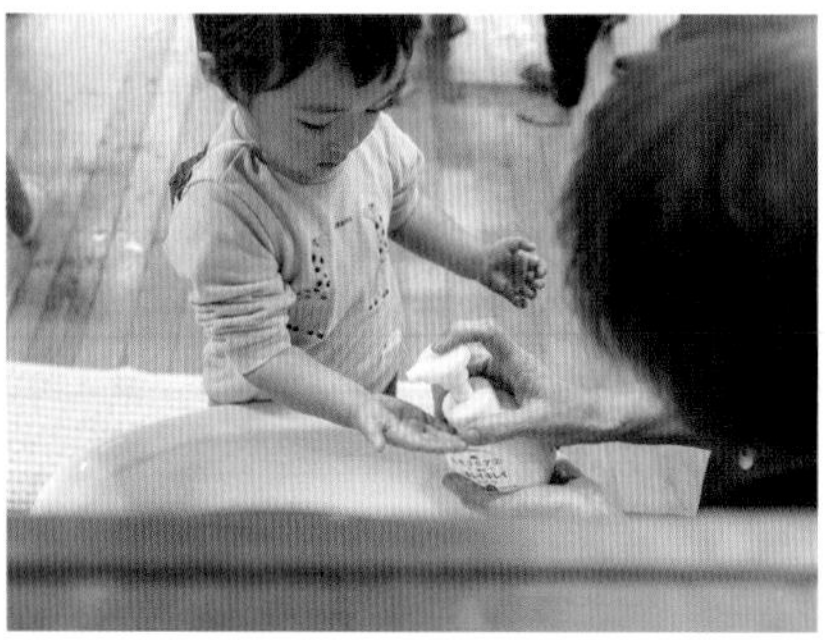

左：横からサポート、中央：後方からサポート、右：複数の子どもで使うこともあります。（おおわだ保育園：１・２歳クラス）

はねる水の量が多くなり床がびしょ濡れになってしまいます。

手洗い設備の設置については、自治体によってトイレの内部にトイレ専用の器具を設置しなければならない場合と、保育室と兼用でよい場合など整備基準はそれぞれです。基準に合わせて整備するようにしましょう。

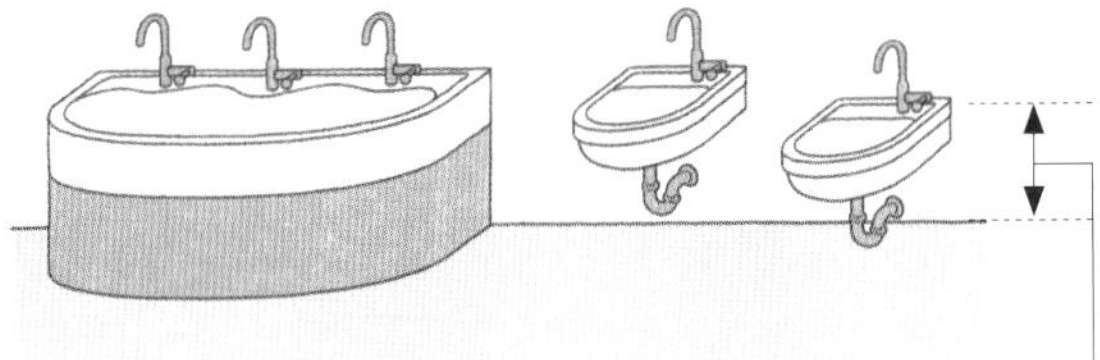

水場の使い方の多様化

保育室内に手洗いを設ける場合、幼児クラスになると手洗器は手を洗ったり、歯磨きするときに使うだけでなく、制作活動の際に絵具筆を洗ったり、クッキング活動の際に野菜を洗ったりと多様な使い方をする

おおわだ保育園世田谷豪徳寺の縁側は、ランチ、おやつ、クッキング活動など、さまざまな目的で使うため、水場は必須の設備です。
（おおわだ保育園世田谷豪徳寺：縁側／写真は園のブログより引用）

給食時やクッキング活動の際に使用する専用の流しを保育室内に設置しています。（浦和ひなどり保育園：３～５歳クラス）

ようになるため、長い流しのほうが使いやすい場合もあります。また水場の用途が多様になってくると、一つの手洗器で何もかもというのは難しいでしょう。トイレ後の手洗器、クッキング活動や給食時に使う流し、制作活動に使う流し、その他の生活の中で使う流しなど園全体の計画の中でバランスよく配置することが必要です。

鏡

鏡があれば、食事の後に口周りが汚れていないか、衣服が乱れていないか、髪が乱れていないかなど、大人に言われなくても自分で気にします。口を大きく開けて口の中を観察したり、いろいろな表情をしてみたり、長い間鏡の中をのぞいている姿がよくみられます。姿見のように大きな鏡なら子どもの身長を気にせず設置できます。

ペーパータオルとごみ箱

2000年頃までは集団保育の中でも、手洗い後の手拭きはまだ共同タオルを使っていた園も多かったと思います。何枚かのタオルを用意しておいて、濡れたら取り替えるという方法で複数の子どもが同じタオルを使っていました。その後、衛生上の問題から、タオルの共用はNGとなり、子どもたちは各自持参したタオルを使うよう

隙間を利用して姿見鏡を設置しています。
（おおわだ保育園世田谷豪徳寺：縁側）

になりました。定員が多いと人数分のタオル掛けを設置するスペースを確保するのが設計上難しいこともあり、保育者も設計者も頭を悩ます部分です。また、手洗いはトイレの中だけではなく、保育室内や廊下にもあり、個別のタオルをそれぞれの場所に用意するのは至難の業です。近年は感染症の流行もあってタオルに代わってペーパータオルを採用する園が増えています。すると、今度はペーパータオル用のごみ箱が必要になるのですが、置き場所に困っている園も多いのではないでしょうか。人数が多いと使用済みのペーパーでごみ箱がすぐにいっぱいになってしまうので容量もそれなりに必要です。ごみ箱をどこに置くかを最初からプランニングしておくと、すっきりした環境にすることができます。

すぐ横にごみ箱を設置

手洗い器と手洗い器の間にごみ箱とタオルペーパーを設置しています。手洗いのすぐそばに設置することで、床が水滴で濡れないようにする効果もあります。（多摩川保育園：１・２歳クラス）

ごみをシュート！ 玉入れ方式のごみ箱

ごみ箱を床から浮かせて掃除をしやすくしたいという要望から、ライニング（手洗いの配管スペース）の上に置くことにしました。子どもたちは玉入れのようにペーパータオルを丸めて赤いごみ箱をめがけてシュートします。担当のデザイナーが遊び心で提案してくれたアイデアです。もちろんごみ箱にうまく入らずこぼれたペーパーは再シュートします。ペーパーをしっかり丸めないとうまくごみ箱に入らないことをよく理解しているようです。おかげでごみのカサも抑えられています。（おおわだ保育園世田谷豪徳寺：４・５歳クラス）

6 子どもができることは子どもに任せられる環境を

すぐ近くに、わかりやすく

3歳以上のクラスになれば子ども自身ができることも増えます。例えば、トイレットペーパーがなくなった時の補充、トイレの照明の点灯・消灯、手洗い周りの水濡れの拭き掃除などは喜んでやってくれます。子どもが簡単に、安全にできるように、すぐ近くに、わかりやすく環境を整えてあげるとよいでしょう。

ブース内に個別に照明を設置しているトイレでは照明スイッチのON・OFFも子どもに任せることができます。その場合は子どもが届く高さにスイッチを設置します。（おおわだ保育園：3～5歳クラス）

各ブースに予備のトイレットペーパーを設置しているので、紙がなくなった時に、保育者を呼ばなくても自分で補充することができます。（おおわだ保育園：3～5歳クラス）

手洗い場の周りに、水がこぼれても、雑巾やペーパーが近くにあれば、自分で拭くこともできます。（おおわだ保育園世田谷豪徳寺）

7 保育者のリフレッシュも大切に

職員が使うトイレはリフレッシュの場でもあります。快適でほっとできる空間にしたいものです。しかし、子どものための空間を優先して考えていくと、職員用トイレはどうしても窮屈になってしまうことも多いです。その時に気をつけたいことは、手洗い器のサイズです。狭小トイレ用にコンパクトな手洗い器が開発されていますが、可能ならばハンドソープを使って手首までしっかり洗えるくらいの大きさの手洗い器と蛇口を設置することをお勧めします。特に大便のあとに紙で肛門を拭く際に手首や衣服の袖にも菌が付着することがわかっています(高野ら、2012)。保育の場に近いことも重要です。

(おおわだ保育園)

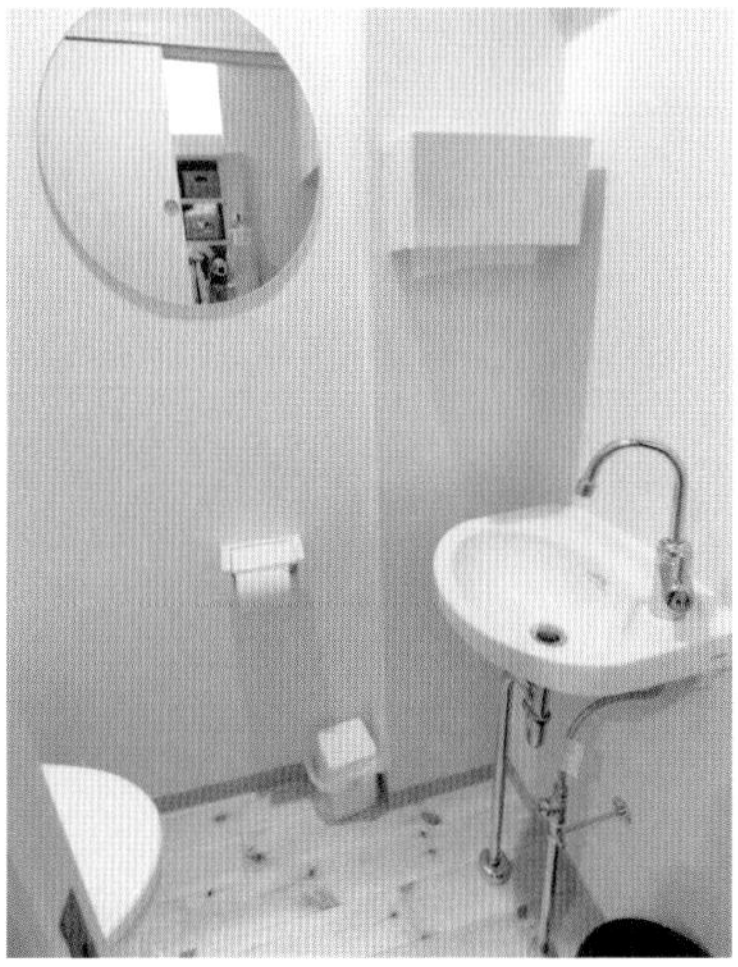
(多摩川保育園)

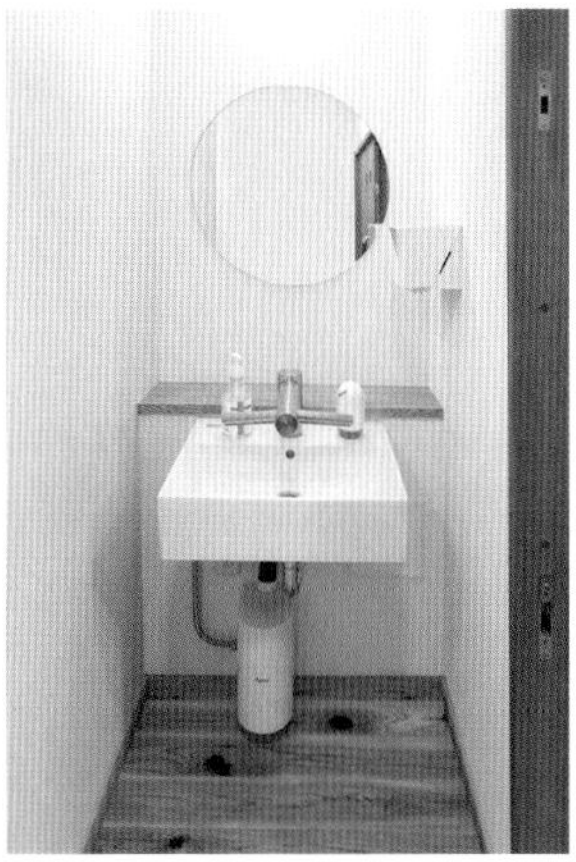

職員、保護者、来客も使うバリアフリートイレ。(おおわだ保育園世田谷豪徳寺)

8 収納

おむつの処理方法に合わせて収納スペースを確保する

特に0歳・1歳クラスではおむつの交換やその処理があるため、トイレ、おむつ交換、収納、処理設備は一体的に整備できると理想的です。またおむつは紙おむつなのか、布おむつなのか、家庭から持参するのか、レンタルにするのかなど園によっておむつの種類や使用方法は異なります。さらに登園時と降園時は紙おむつを使用し、園で生活する日中は布おむつを使用するなど、布と紙を併用するところも多いです。最近は保護者がおむつの持ち帰りをしなくてよいように、おむつのレンタルサービスを活用する園や、紙おむつを定額で何枚でも使えるサブスクリプション方式のサービスを活用する園も増えています。それぞれの利用状況に合わせて、収納や処理設備を計画する必要があります。

個人ロッカーとトイレが向かい合っているので、着替えもおむつ交換もすべてこの場所で完結します。

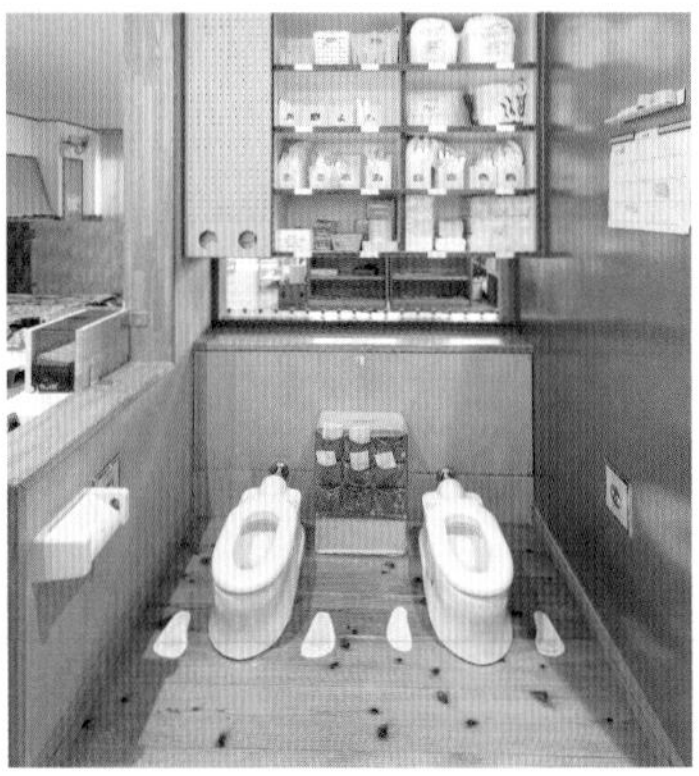

便器の背面には主におむつ関係、向かい側の個人ロッカーには衣類やカバンが収納されています。（松原保育園：1·2歳クラス）

便器の背面には配管スペースが必要なため、その上部に収納棚を計画した例です。（おおわだ保育園：0歳クラス）

棚をつくるときには棚に収納するものの寸法に合わせて棚割をすると無駄がありません。（浦和ひなどり保育園：１歳クラス）

おむつ交換スペースと個人ロッカーがひとまとまりのスペースになっています。トイレは少し離れているので、この場所でオマルを使用しています。汚物処理は個人ロッカーの後ろ側（左奥）です。（浦和ひなどり保育園：０歳クラス）

コラム５

クラスにさまざまな発達段階の子どもが入り混じる

クラス	年齢（月齢）	
	４月	年度末
０歳クラス	生後 57 日～ 11 か月	１歳２か月～１歳 11 か月
１歳クラス	１歳～１歳 11 か月	２歳～２歳 11 か月
２歳クラス	２歳～２歳 11 か月	３歳～３歳 11 か月
３歳クラス	３歳～３歳 11 か月	４歳～４歳 11 か月
４歳クラス	４歳～４歳 11 か月	５歳～５歳 11 か月
５歳クラス	５歳～５歳 11 か月	６歳～６歳 11 か月

保育者の方には子どもの月齢は身近なものですが、設計者の方にはなかなかなじみがないものです。特に実際の月齢・年齢とクラス年齢にはズレがあって混乱しやすいのです。例えば０歳クラスには年度初めの４月には生後 57 日目から 11 か月のお子さんが在籍する可能性がありますが、生後 11 か月で入園してきたお子さんは年度末の３月には１歳 11 か月になっており、ほぼ２歳程度の発達段階にあるということが言えます。０歳クラス＝０歳児と考えていると大きな間違いをしてしまいます。そしてこの時期の子どもは月齢が数か月違うだけで発達の様子も全く異なります。クラス内には１年近く誕生日が離れた子どもが在籍する可能性があり、ある子どもはようやく寝返りができるようになった段階でも、別の子どもはしっかり歩くことができるということは珍しくありません。ですから、特に０歳・１歳クラスのトイレ環境は発達の差が大きい多様な子どもに対応できるようにしておく必要があります。

9 外遊びのためのトイレ

園庭で遊んでいる途中にトイレに行きたくなる子どももいます。園庭にトイレが設置できればよいのですが、簡単ではないようです。屋外とまではいかなくても園庭に近いところにトイレがあれば、子どもも行きやすくなります。夢中で遊んでいるときは子どももトイレに行くのはおっくうです。まして遠いとなればなおのことです。

園庭の近くにトイレがなければ０６９ページで紹介したようにオマルで即席トイレをしつらえることも有効だと思います。０歳・１歳クラスの子どもならむしろそのほうが使いやすいかもしれません。

縁側トイレの内部

トイレ

園庭からも使いやすい位置にトイレを

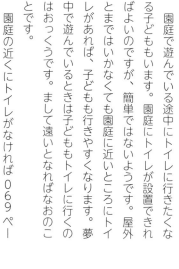

縁側にトイレを設けています（010 ページ図参照）。縁側はランチなど多目的に利用していますので、縁側を使うときはもちろん、園庭からのアクセスも便利です。写真は 2 歳児が園庭から縁側にあがってトイレまで駆けていくところです。（おおわだ保育園世田谷豪徳寺）

10 トイレに対する意識を変えよう

❶ トイレについて話し合う

トイレ設備は一旦出来上がってしまうと簡単には更新できないので、改修や新築の機会があるときには慎重に検討して臨みたいものです。せっかく改修の機会があっても、便器の取り換えだけで終わってしまってはもったいない話です。設備の更新には高額な費用が掛かるので機会を有効に活用し、根本的な空間の使い方を改善できる限り行うべきだと思います。

ただ、なかなか内輪の話し合いだけでは大きな課題があっても気づかないことも多いです。考え方を新たにするために本書がお役に立てればうれしく思います。少なくとも設計者に全部お任せにするのではなく、必ず要望を伝え、打ち合せを持ち、「できないかもしれない」と思うことも相談してみるとよいと思います。

トイレのレイアウトを検討するために段ボールやオマルを使ってミーティングを行ってみましょう。

改修工事の場合は、現在のトイレの問題点を職員の方も把握できており、問題点や要望を比較的伝えやすいと思います。そして改修後はその効果や変化を実感しやすく、改修前との子どもや保育者の動きや育ちの違いもわかりやすいでしょう。ですから、トイレ環境の改修や改築の機会は保育そのものを改革するチャンスといってもよいくらいなのです。

一方、新設園の場合は、園舎を計画する段階では園長や職員がまだ決まっていないことも多く、誰がどのような保育方法で園舎を使うのかがうやむやのまま計画が進行してしまうことも多く、とても残念なことだと思います。設計者の方にとっては、本書が子どもの排泄発達や保育者の関わり方などについて知るための助けになればうれしく思います。

❷ トイレについての保育者の意識を変える「トイレは気持ちのよい場所だ！」

筆者が相談を受けた時にまず保育者の皆さんにお願いするのは、「トイレを汚い場所だという前提で考えない」でほしいということです。もちろんトイレは使い方次第でとても不潔な場所にもなりえます。しかし不潔に使うことを前提にプランを考えていくと、ぬくもりのない寒々しい空間になってしまうのです。保育室と同じように「部屋」という感覚で使えるように考えてもらいたいといつもお伝えしています。そのためには清掃のしやすい器具や材質を採用し、簡単に清潔さを保つことができる環境にし、こまめにメンテナンスを行う配慮は必要です。

トイレが快適になって、「部屋」として捉えるようになると、保育者の気持ちもゆったりして、子どもにおおらかに関われるようになり、さらに子どももゆったりと排泄に向き合うことができます。快適ではないトイレでは排泄そのものに対する感覚もネガティブなものになるような気がします。古いトイレから新しいトイレへの改修に立ち会った保育者の方が「トイレに対する概念が変わった」と言ってくださるのは、デザインが変わったというだけでなく、そこで過ごすときの気持ちの変化を感じるからだと思います。

11 すぐにできる改善

❶ トイレのスリッパ、サンダルを廃止する

特に3歳未満のクラスではトイレのスリッパは障壁となります。履き替えなくても清潔に使えるようにしたいです。床がタイルの場合は裸足でトイレに入るには抵抗感があると思いますから、バスマットやクッションタイルなどを敷き詰めるのも一つの方法です。DIYが得意な職員がいれば、長尺ビニールシートなどを買ってきて敷くことも大して難しくはありません。

クッションタイルなどを敷き詰めて、子どもが裸足のまま入れたり、床に座ってもよいようにしてみましょう。

❷ トイレの雑物を整理する（汚物入れや清掃用具）

トイレの中にバケツや掃除機をむき出しで置いていませんか？少なくとも床面に置くのは見直したいです。つまずいたり、子どもが触ったりする可能性があるからです。便器の背面のライニング（配管スペース）の上部は棚を設置するには便利な場所です。扉付きの棚を設置する場合は耐震ラッチをつけて地震の際に中身が飛び出さないようにします。扉のない棚板だけを設置する場合は地震の揺れで物が落ちないように手前に少し立ち上がりをつけるなど工夫するとよいでしょう。棚を設置する際は壁面の強度などを確かめる必要があるので、工務店などに依頼しましょう。バケツの中に嘔吐セットを入れて備えている園も少なくありませんが、蓋つきの四角いコンテナにすれば収納効率もあがり、見た目もすっきりします。

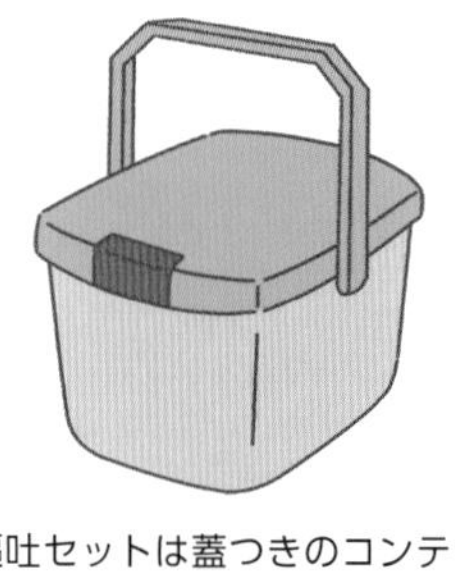

嘔吐セットは蓋つきのコンテナにすればすっきりします。

棚を設置する場合は棚の端を立ち上げる

❸ トイレが近くにないとき（オマルの活用）

オマルは日常的に使用している園にとっては特別なものではありません。あえて「提案」することもないくらいに親しんでいます。ところが日頃オマルを使っていない園は、オマルそのものが備わっておらず、全く使わない文化が出来上がっている場合もあります。その理由が使いやすいトイレが近くにあるからというものであれば問題ないのですが、トイレも離れていて、オマルも使わないという環境では、クラスが上に上がるまで子どもはおむつの中だけで排泄する生活を強いられることになります。

トイレが近くにないという理由で、クラスが上がるまで便器に座って用を足すことがお預けになっているなら、オマルをぜひ活用してみることをお勧めします。早くオマルに座る習慣をつけることで、クラスが上がってからもスムーズに便器に座ってくれるようになります。

オマルは「どこでもトイレ」です。オマルを使う場所を決めて、周囲に必要な備品をそろえるだけで即席トイレの出来上がりです。

❹ 手作りトイレットペーパーホルダー

３歳未満の子どもは便器への座り方がさまざまです。自分の身体能力に合わせて、前向きに座ったり、後ろ向きに座ったり自分で考えて座ります。その時に困る問題にトイレットペーパーをどこにつけるかということがあります。

うまい具合につけたいところに壁などがあればよいのですが、そうではないことも多いです。前向きに座っても後ろ向きに座ってもどちらでも対応できるように何か所かに設置するのも一つの方法ですが、床置きできるものであれば自由に動かすことができて便利です。市販のものもありますが、牛乳パックなどで手作りすることもできます。１歳クラスではまだロールペーパーをうまく切れないことがあって、ずるずると引き出してしまうことがありますが、あらかじめカットしたペーパーをポケットに入れておくと簡単に取り出して使うことができます。

（松原保育園：１・２歳クラス）

● チェックポイント ●

園のトイレ環境の課題をチェックしてみましょう。

1. 子どもがトイレにアクセスしやすいですか？		参照ページ
①	近いですか？	066～069, 122, 126
②	扉、ブースが障壁になっていませんか？	076～077, 102
③	履き替えが障壁になっていませんか	104～105, 124
2. コミュニケーションが取れますか？		
④	子どもとアイコンタクトがとれますか？	004～031, 066～067, 106
⑤	子ども同士で互いに見ることができますか？	004～031, 070～071
3. トイレは安全ですか？		
⑥	トイレの中に雑物が置かれているなど安全性が阻害されていませんか？	103, 112～113, 120～121
⑦	大人の動線と子どものトイレ動線が入り乱れていませんか？	103, 110, 112～113, 114
4. トイレは清潔ですか？		
⑧	床が濡れていませんか？　汚れていませんか？	104～105, 108～109
⑨	悪臭が発生していませんか？	110～111
⑩	トイレ用の清掃用具の収納は確保されていますか？	022, 045, 103, 113
5. オマルを適宜使用できる環境になっていますか？		
⑪	興味を持った子どもが積極的に使えるようになっていますか？	017, 068～069, 086～087, 089～090, 094～098
6. 使い方を子ども自身が調整できますか？		
⑫	行きたい時に好きなだけ座っていられますか？	072～073, 078
⑬	便器に座る方向を自分で決められますか？	017
⑭	安全に便器に移乗できますか？	074～075, 107
⑮	不安とプライバシーのバランスを子どもが自分で調整できますか？	048, 076～077
7. 汚物処理の動線が短いですか？		
⑯	汚物流しや汚れたおむつのストック場所が近くにありますか？	112～113
⑰	排泄関係のものを収納する棚が充実していますか？	120～121
8. 手洗い場は使いやすいですか？		
⑱	子どもたちの身長に合っていますか？	006, 114～117
⑲	手洗いをサポートしやすいですか？	114
⑳	用途に合った洗い場が適所にありますか？	115
9. 着替えやおむつなどの収納は充実していますか？		
㉑	トイレやオマルを使う場所のすぐ近くに収納がありますか？	014, 027, 120～121
10. 子どもにお手伝いしてもらいやすい環境になっていますか？		
㉒	トイレットペーパーの予備は子どもでも補充できますか？	118
㉓	濡れた床をすぐに拭けるように雑巾などが準備されていますか？	108, 118
11. 屋外遊びの途中でも使いやすいトイレはありますか？		
㉔	園庭や園庭からアクセスしやすい位置にトイレはありますか？	122
12. 職員がほっとできるトイレはありますか？		
㉕	保育の場に近いですか？	119
㉖	手首まで手が洗える手洗いがありますか？	119

コラム６

便育

「便育」とは

「便育」とは自分の排泄物の様子を知り、それによって自身の体調を把握し、生活を振り返って、改善する力を育てることです。

筆者は「便育」活動を 1998 年頃から行ってきました。最初のきっかけは小学生が学校で排便を我慢するという問題に触れたことでした。特に男子児童は学校で排便することで他児にからかわれたり、冷やかされたりすることを恐れて学校で排便することを我慢していました。からかいの根底には排泄行為に対する恥ずかしさや、排泄行為そのものを蔑視する子どもたちの考えがあるようでした。そこで、有志で子どもたちに「学校トイレ出前教室」を行うことになったのです。しかし、排泄を恥ずかしいと感じている子どもに「恥ずかしくないから、我慢しないで」と訴えても効果は期待できないように思えました。考えた末、まず排泄物の意味をわかってもらうところから始めてみることにしたのです。

排泄物は身体からのメッセージ

大便、小便には「便」という文字がついている通り、排泄物は身体からの便りです。大便の色や形やにおいには意味があります（小便の色やにおいにももちろん意味があります）。身体の様子（体調）を知らせるメッセージなのです。このメッセージを読み取れるようにするのが便育です。大便の形状についてはブリストルスケールという国際規格があります。７つの形状が示されていますが、著者が講座を行うときは、子どもにも覚えやすいように４つに分けなおし、口に出しやすいように「うんぴ」「うんにょ」「うんち」「うんご」と名前をつけています。「うんぴ」は下痢状の便、「うんにょ」は軟らかい便、「うんち」はバナナ状の便、「うんご」は硬い便やコロコロの便を指しています。形だけでなく、それぞれ色もにおいも違います。その違いは何から来るかというと、食事や水分摂取、運動、睡眠、我慢したかどうかなどが影響しています。例えば、「うんご」は食事が肉食に偏っていたり、何日も便がお腹に滞留していたものが出た時の便です。カチカチやコロコロの便が出た時は、肉ばかり食べていないか、野菜は足りているか、我慢はしなかったかなど、自分の生活を振り返ってみるように促します。そして、野菜が足りていないのなら、繊維の多い野菜を意識して食べてみようと行動できるようになってもらいたいのです。

うんちの状態を見てみること

講座を受けた小学生からは「『うんご』が出たので、野菜をたくさん食べてみたら、次の日は『バナナうんち』に変わった」などと感想をもらうこともあります。自分の便を見て、考えて、生活を改善していく習慣が子どもの頃から身につけば、病気知らずの身体を維持することができるのではないでしょうか。

しかし、子どもたちの中には自分の便を見ないまま流してしまう子も少なくありません。子どもたちに見ない理由を聞くと、「見るものではないと思うから」「見たくないから」などと答えが返ってきます。排泄物を単に汚くて、臭いものと捉えているとそう思ってしまうのも無理はないかもしれません。排泄物の色や形やにおいには理由があって、見ることに意味があることが理解できれば、「見てみよう」と思ってくれるのではないかと考えています。

うんちについて話ができる関係性

小学校だけでなく、幼稚園や保育所、中学校でも実施してきましたが、共通していえるのは保護者や保育者、教員も実は便に意味があることを知らない人が多いのです。けれど知ってみるとなかなか面白いのです。便育のポイントは「見る」ことに加えて「話す」です。排泄の話はどうしてもタブー感がつきまといますが、場面をわきまえつつも、大切であること、恥ずかしくないことを大人ははっきりと子どもに示してあげなくてはなりません。大人も子どもが小さいときには「うんち」の話をよくします。トイレットトレーニングが終わると、排泄の話はだんだんしなくなり、小学校に上がると今度は、しつけの意味で排泄の話を人前でしないように教えることも多くなります。もちろんそれも大事ではありますが、我慢せずに健康に排泄することはそれ以上に大切です。バランスよく考えていかなくてはなりません。子どもたちが排泄の話を堂々とできるような雰囲気を作っていくことも大人の仕事ではないかと思います。まずは家庭でも、保育園や幼稚園でも「今日はうんちが出た？」「どんなのが出た？」と子どもに聞いてみることからやってみるとよいと思います。家族や保育者と排泄の話ができ、仲のよい友達同士で排泄の話ができることは、よい人間関係があることの証ではないでしょうか。

便育のポイント

みる　はなす

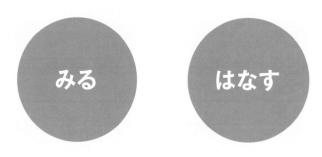

うんこを「みて」、子どもと「はなす」。家族で「はなす」。

【便育絵本の紹介】

『うんこのえほん　うんぴ・うんにょ・うんち・うんご』　『うんこのえほん　うんこダスマン』
いずれも、村上八千世・文、せべまさゆき・絵　ほるぷ出版

うんこの種類と意味を楽しく示した絵本。「今日どんなうんこが出たか」話したくなりますよ。

うんこが出ることと生活することがつながっていることがわかる絵本。元気にうんこを出すための５つの術を試したくなります。

引用・参考文献

第３章

●村上八千世「乳児期の排泄支援が子どもの発達を変える」『日本保育学会第 76 回大会大会要旨集』, K-45 ～ 46, 2023
●中野美和子『赤ちゃんからはじまる便秘問題－すっきりうんちしてますか？』言叢社, 2015
●村上八千世・寺田清美「保育所におけるトイレ環境のあり方が保育や子どもの発達に与える影響について」『常磐短期大学研究紀要』第 44 号, pp.35-42, 2015

第４章

●末松たか子『子育てと健康シリーズ④おむつのとれる子、とれない子－排泄のしくみとおしっこトレーニング』大月書店, 1994
●中野美和子「第２章 知っておきたい排泄のしくみ」三砂ちづる著『新版五感を育てるおむつなし育児』主婦の友社, pp.20 ～ 23, 2013
●中野美和子『赤ちゃんからはじまる便秘問題－すっきりうんちしてますか？』言叢社, 2015
●村上八千世「乳児期の排泄支援が子どもの発達を変える」『日本保育学会第 76 回大会大会要旨集』, K-45 ～ 46, 2023
●バーバラ・ロゴフ（當眞千賀子訳）『文化的営みとしての発達－個人、世代、コミュニティ』新曜社, p.11, 2006
●deVries,M.W., deVries,M.R., Cultural Relativity of Toilet Training Readiness: A Perspective From East Africa, Pediatrics, 60(2):170-177.1977.
●村上八千世・根ヶ山光一「乳幼児のオムツ交換場面における子どもと保育者の対立と調整―家庭と保育所の比較―」『保育学研究』45(2), 19-26, 2007
●村上八千世「排泄支援場面における養護と教育の一体性」『日本保育学会第 77 回大会大会要旨集』, 2024（準備中）
●大藪泰「共同注意という子育て環境」『早稲田大学総合人文科学研究センター研究誌』7, 85-103, 2019
●村上八千世・根ヶ山光一「なぜ小学生は学校のトイレで排便できないのか？」『学校保健研究』46, 303-310, 2004
●村上八千世「子どものトイレ使用における羞恥心と不潔感の発達」『早稲田大学大学院人間科学研究科修士論文』, 2003

第５章

●日本トイレ協会メンテナンス研究会『トイレメンテナンスマニュアル』日本トイレ協会メンテナンス研究会, 1997
●高野穂高・黒岩和雄・和田由美「トイレを起点とするノロウイルス汚染拡大の検証」『食品衛生研究』62（9）, 33-35, 2012

おわりに

コーディネーターという仕事

設計者でも保育者でもない筆者が乳幼児用のトイレのプランニングに関わることになったのは、松屋銀座本店のトイレのコーディネートを手掛けた坂本菜子氏のもとでトイレ空間を提案する仕事を学んだことがきっかけになっています。TOTO AQUAPIT ASO（阿蘇山上公共トイレ）、首里城正殿のトイレ（2019年に焼失）、道の駅安達のトイレなどの計画に関わる中で、快適なトイレをつくるのは難しくはないけれど、その快適さを維持できなければ意味がないことを特に学びました。トイレを「つかう人」、「もつ人」、「つくる人」のそれぞれの視点に立ってそれをつなぐのがコーディネーターの役割であるというのが坂本氏の基本的な考えでした。できたトイレを快適に維持するのも、関わる人々のそれぞれの視点をつなぐのも「対話」が鍵となっていると思います。

商業施設や観光地のトイレも保育・教育施設のトイレも、一貫して感じるのは、理念がトイレという空間に立ち現われるということです。商業施設なら客のことをどれだけ思っているか、トイレは露骨に物語ります。うわべだけのポーズではトイレを快適に気持ちよく維持することはできないのです。逆に言うとトイレはその施設の一部分ですが、全体を象徴する力もあるのだと思います。昔は「トイレを見れば、その家のことがよくわかる」なんて言ったものですが、的を射ていると思います。

乳幼児の排泄行動に対する興味

90年代後半に小学生が学校で排便を我慢するということが問題になり、小学校のトイレ調査に関わりましたが、公衆トイレよりも悲惨な状況である小学校のトイレが少なくないことがわかりました。その後、国はトイレ施設単体の大規模修繕に対しても補助金を給付できる制度を作りましたが、設備が改修されてもやはり学校では排便しない子どもが残りました。特に男児が他児からの冷やかしなどを理由に学校では排便を我慢することがわかり、この頃より「便育」活動を開始しました。子どもの排泄に関わる心理については、大学院の恩師で「子別れ」などを研究テーマにされている根ヶ山光一先生のもとで学び、研究を行ってきました。おむつ交換場面を観察した研究では母子間のかけ引きをはじめとする豊かなやりとりに触れることができ、早く自立させたい養育者とまだまだ依存していたい子どものそれぞれの主体性がぶつかり合い、互いに受け入れながらともに自律していく発達の様子を報告することができました。この研究は、園のトイレ環境を提案する際にも保育者と子どもの距離感やコミュニケーションの取り方を検討する際の基礎となっています。

謝辞

まずは、これまで乳幼児用トイレの提案に関わらせてくださった保育園、幼稚園の理事長先生、園長先生をはじめ保育者の方々に感謝申し上げます。特に2005年に初めての機会を与えてくださったおおわだ保育園園長（当時）の馬場耕一郎先生は、強い保育理念でオープントイレのコンセプトを受け入れてくださいました。おおわだ保育園の1～2歳トイレでのスタートがなければ後のオープントイレも実現しなかったと思います。浦和ひなどり保育園の園長、丸山和彦先生は保育現場でのフィールド研究をも快く受け入れてくださり、空間環境面だけでなく排泄支援の在り方についても常に意見を提供してくださいました。

実際にトイレ環境を園に提案させていただく際の実務では、突拍子もないアイデアを設計デザインに落とし込んで実現してくださったシイナケイジアトリエの椎名啓二氏、粒々人の大沼美佳氏、まちと建築デザイン事務所の林一則氏、株式会社計画・環境建築の皆様、有限会社宮田建築設計事務所様、有限会社ワイズコミュニケーションズ様に感謝申し上げます。特に椎名啓二氏は不可能も可能にしてくださる高いデザインスキルとユニークなアイデアをいつも提供してくださり、椎名氏のデザインがなければこのような発信力のあるトイレ空間はできなかったと思います。

2005年の「こども環境学会デザイン賞」の受賞は園にとっても筆者にとっても自信になり、後のオープントイレを提案する勇気にもなりました。こども環境学会代表理事の仙田満先生には本書の刊行にあたって表紙の帯に大変励みになるコメントを頂戴し、感謝申し上げます。

最後に、中央法規出版の平林敦史氏と荒川陽子氏に、このような執筆の機会を与えていただいたことに心より感謝申し上げます。このような稀有なテーマの本の編集に理解を示していただき、カメの歩みのような執筆速度にも寛容にご対応いただいたおかげで何とか仕上げることができました。

2024年2月　村上八千世

●撮影協力園と設計・デザイン者情報（五十音順）

1. **社会福祉法人 ひなどり保育園 浦和ひなどり保育園**（埼玉県さいたま市）
   シイナケイジアトリエ
   株式会社エス・ピー・エー

2. **社会福祉法人 友愛福祉会 幼保連携型認定こども園 おおわだ保育園**（大阪府門真市）
   ■０歳クラストイレ
   粒々人
   第２回キッズデザイン賞（2008年度）
   ■１－２歳クラストイレ
   シイナケイジアトリエ
   株式会社岡田建築
   第１回キッズデザイン賞　建築・空間デザイン分野分野部門賞（2007年度）
   第１回こども環境学会デザイン賞（2005年度）
   ■３－５歳クラストイレ
   シイナケイジアトリエ
   株式会社岡田建築
   第５回キッズデザイン賞（2011年度）
   第７回こども環境学会デザイン賞奨励賞（2011年度）

3. **社会福祉法人 友愛福祉会 おおわだ保育園世田谷豪徳寺**（東京都世田谷区）
   株式会社計画・環境建築
   シイナケイジアトリエ
   粒々人
   第16回キッズデザイン賞（園舎全体）（2022年度）

4. **社会福祉法人 秀心会 こどものいえ認定こども園**（茨城県日立市）

5. **社会福祉法人 仁慈保幼園 多摩川保育園**（東京都大田区）
   粒々人
   まちと建築デザイン事務所

6. **社会福祉法人 桃林会 とりかいひがし遊育園**（大阪府摂津市）
   有限会社ワイズコミュニケーションズ

7. **社会福祉法人 慈芳会 松原保育園**（東京都昭島市）
   まちと建築デザイン事務所
   粒々人

8. **学校法人 栗原学園 やまた幼稚園**（神奈川県横浜市）
   有限会社宮田建築設計事務所
   シイナケイジアトリエ

すべてのプロジェクトのコーディネート：アクトウェア研究所

●Staff
写真撮影：荒川雅臣／堤谷孝人／村上八千世／林一則（020ページ上写真）／**藤田修平**（116ページ左写真）
建築・設備イラスト:大島弓枝
人物イラスト:いしかわみき

●著者紹介

村上八千世（むらかみ・やちよ）

常磐短期大学幼児教育保育学科准教授
アクトウェア研究所代表、絵本作家
早稲田大学大学院人間科学研究科修士課程修了

アクトウェア研究所の活動で、関東・関西の保育園など子どもの環境に関するコンサルティング、子どもトイレのプランニングや開発を行う。2005年から大阪府門真市のおおわだ保育園の「オープントイレ」を手がけ、こども環境学会賞、キッズデザイン賞を受賞。トイレのマイナスイメージを払拭して、子どもが主体的にトイレに行ける空間を提案。「トイレ」「こども」「排泄」をキーワードに研究活動を行い、発達心理学をベースとした保育環境の提案を行っている。執筆した絵本に『うんぴ・うんにょ・うんち・うんご』『うんこダスマン』など（以上、全てほるぷ出版）、書籍に『保育園は子どもの宇宙だ！トイレが変われば保育も変わる』（共著・北大路書房）、『進化するトイレ SDGsとトイレ 地球にやさしく、誰もが使えるために』（共著・柏書房）、『新・基本保育シリーズ ⑮ 乳児保育Ⅰ・Ⅱ』（共著・中央法規出版）がある。

●監修者紹介

馬場耕一郎（ばば・こういちろう）

こども家庭庁成育局成育基盤企画課 教育・保育専門官
元 社会福祉法人友愛福祉会おおわだ保育園理事長
元 同法人おおわだ保育園世田谷豪徳寺園長
元 内閣府子ども・子育て本部参事官（認定こども園担当）付 教育・保育専門官
聖和大学大学院教育学研究科幼児教育学専攻修士課程卒業後、社会福祉法人友愛福祉会理事長、厚生労働省子ども家庭局保育課保育専門調査官、関西学院聖和短期大学准教授を歴任。

園のトイレ改修・新築においては、村上八千世氏などとの協働で、大阪府門真市のおおわだ保育園のトイレがキッズデザイン賞を3回受賞し（1-2歳児＝2007年第1回キッズデザイン賞建築・空間デザイン部門大賞、0歳児＝2008年第2回キッズデザイン賞、3-5歳児＝2011年第5回キッズデザイン賞）、第1回こども環境学会デザイン賞、第7回こども環境学会デザイン賞奨励賞を受賞した。おおわだ保育園世田谷豪徳寺でも2022年第16回キッズデザイン賞を受賞（トイレを含めた園舎全体）。

「オープントイレ」で保育が変わる
トイレ環境から子どもの発達と主体性を支える

2024年3月20日　発行

著　者 ……… 村上八千世
監修者 ……… 馬場耕一郎
発行者 ……… 荘村明彦
発行所 ……… 中央法規出版株式会社
〒110-0016　東京都台東区台東3-29-1 中央法規ビル
TEL 03-6387-3196
https://www.chuohoki.co.jp/

装丁・本文デザイン ……… ケイ・アイ・エス 有限会社
印刷・製本 ……… 株式会社ルナテック

定価はカバーに表示してあります。
ISBN978-4-8058-8978-7